MON INTIME CONVICTION

DU MÊME AUTEUR

L'Autre en nous, Presses du Châtelet, 2009.

Islam, la réforme radicale, Presses du Châtelet, 2008.

Un chemin, une vision. Être les sujets de notre histoire, Tawhid, Lyon, 2008.

Faut-il avoir peur des religions ?, avec Elie Barnavi, Mgr di Falco, Éditions Mordicus/Panama, 2008.

Quelques lettres du cœur, Tawhid, Lyon, 2008.

Muhammad, vie du Prophète, Presses du Châtelet, 2006.

Faut-il faire taire Tariq Ramadan ? entretiens avec Aziz Zemouri, L'Archipel, 2005.

La Mondialisation : résistances musulmanes, Tawhid, Lyon, 2004.

Peut-on vivre avec l'islam ? entretiens avec Jacques Neirynck, Favre, Lausanne, 1999 (4e éd. 2004).

Les Musulmans d'Occident et l'Avenir de l'islam, Actes Sud, 2003.

Jihad, violence, guerre et paix en Islam, Tawhid poche, Lyon, 2002.

Dar ash-shahada : l'Occident, espace du témoignage, Tawhid poche, Lyon, 2002.

La Foi, la Voie, la Résistance, Tawhid poche, Lyon, 2002.

Musulmans d'Occident, construire et contribuer, Tawhid poche, Lyon, 2002.

De l'islam, Tawhid poche, Lyon, 2002.

L'Islam en questions, avec Alain Gresh, Actes Sud, 2000 (2e éd. Actes Sud « Babel », 2002).

(suite en fin de volume)

TARIQ RAMADAN

MON INTIME CONVICTION

ARCHIPOCHE

Ce livre constitue une édition revue et augmentée du livre *Face à nos peurs*, publié par les éditions Tahwid en 2008.

www.archipoche.com

Si vous souhaitez recevoir notre catalogue et être tenu au courant de nos publications, envoyez vos nom et adresse, en citant ce livre, aux éditions Archipoche,
34, rue des Bourdonnais 75001 Paris.
Et, pour le Canada, à
Édipresse Inc., 945, avenue Beaumont,
Montréal, Québec, H3N 1W3.

ISBN 978-2-35287-184-2

À Alain Gresh
À François Burgat

Préambule

De la visibilité

Les controverses se suivent et se ressemblent. Durant les cinq dernières années, je me suis retrouvé au centre de polémiques qui, au-delà de ma personne, révèlent la nature des problèmes qui traversent les sociétés occidentales. Force est de constater que le pluralisme politique ne garantit point la gestion raisonnable et sereine du pluralisme culturel et religieux. En France comme aux États-Unis, en Belgique, en Suisse, en Angleterre, en Italie, en Espagne, et récemment aux Pays-Bas, j'ai fait face à des controverses nationales dont le point commun était, assez clairement, la nouvelle visibilité des citoyens occidentaux de confession musulmane. Chaque pays a sa culture, sa sensibilité propre, ses « pointes de friction », et, ce faisant, sa liste spécifiquement ordonnée de contentieux à régler avec l'islam et les musulmans. Le « foulard islamique » vient en tête en France ou en Belgique, les questions liées à l'homosexualité et aux mœurs aux Pays-Bas, les minarets en Suisse, etc. La violence, la femme, la « sharî'a » (charia) sont, entre autres, des thèmes qui reviennent partout et toujours : l'islam fait question.

Le point commun de tous ces débats tient à l'installation de générations successives de musulmanes et de musulmans, devenus citoyennes et citoyens de leur pays respectif. Installés, ils sortent de leur isolement géographique, de leurs ghettos sociaux, ou de leur marginalité sociopolitique. Ils sont désormais visibles, comme le relevait, il y a des années déjà, la sociologue Nilüfer Göle. Leur visibilité marque et prouve leur décloisonnement : il ne s'agit pas d'une nouvelle « communauté religieuse ou culturelle » qui s'installe, mais plutôt de l'émancipation d'une ancienne catégorie socio-économique (doublée d'une appartenance majoritaire à une même origine culturelle et religieuse) qui avait été doublement marginalisée, géographiquement et socialement.

Au gré des controverses et des crises, des peurs s'alimentent et des perceptions se façonnent et s'entretiennent. La crainte, la méfiance et le soupçon s'installent et tous les débats sur la culture et la religion se transforment en polémiques nationales, polémiques qui se caractérisent par des crispations et des surdités inquiétantes. Les médias rapportent les faits, les réactions s'amplifient, les politiciens réagissent à (ou parfois instrumentalisent) la controverse, et nous voilà embarqués dans des dynamiques incontrôlables. Des positionnements se dessinent, une sorte de clivage qui traverse tous les partis politiques, de gauche comme de droite, ainsi que les populations des sociétés occidentales. Alors que l'on parlait hier d'un éventuel « clash des civilisations », j'ai défendu très tôt l'idée d'un « clash des perceptions » : un conflit d'images projetées sur soi et sur autrui, mêlant des doutes (quant à soi), des peurs (quant à autrui), des préjugés, ou simplement de l'ignorance (vis-à-vis de soi et d'autrui). On y trouve aussi parfois des positions idéologiques et politiques peu claires. Dans la nébuleuse des propos tenus, face à la visibilité de cet « autre », les débats récurrents sur « l'identité » deviennent dangereux et produisent exactement le contraire de ce que l'on pourrait espérer. À l'heure des crispations, nos identités deviennent négatives et se forment par distinction (crispation ou rejet) de ce que l'on croit être l'identité de « l'autre ». Il s'agit ainsi d'une « identité soustraite », cloisonnée et rigide, alors que nous aurions tant besoin d'accéder au sens d'une identité multiple, ouverte et en constant mouvement.

Dans la proximité, la présence d'autrui perturbe et gêne. C'est la raison pour laquelle les crises se sont surtout multipliées autour de phénomènes visibles et spectaculaires : foulards islamiques, *niqab* (voile cachant le visage), burqa, minarets, auxquels il faut ajouter les expressions culturelles ou religieuses perçues comme « étrangères », c'est-à-dire différentes, inhabituelles ou trop « visibles » car pas encore « normalisées » (voire « neutralisées », au sens de rendues « neutres » dans l'espace public). La violence a bien sûr été un facteur majeur d'amplification, avec le rejet d'assassinats aveugles perpétrés contre des innocents au nom de la religion musulmane. Tous ces phénomènes cumulés expliquent la situation présente, et la « nouvelle visibilité » des musulmans continue de provoquer son lot de crises cycliques. Gardons en tête que cette « nouvelle visibilité » est par nature une situation historique transitoire puisque ce qui est nouveau sera un jour ancien.

Nous voici revenus au temps de la dangereuse « politique émotionnelle ». L'autre nom de cette politique qui joue de l'émotion est « le populisme », et aucune société contemporaine n'en est définitivement protégée. Les anciens racismes peuvent encore habiter notre avenir.

Dans les débats de société sur l'islam, j'ai souvent joué le rôle de « l'intellectuel visible » : j'ai souvent essuyé des critiques très émotives et fait l'objet de projections qui m'ont parfois amusé, parfois franchement inquiété. Il n'est pas facile d'être au paysage intellectuel ce que le minaret est à la rue ! Présent, installé, en « nous » mais apparemment si différent de « nous ». Un « nous » réactif, exclusif, parfois dogmatique qui me mettait « à l'extérieur », étranger, autre, en un « vous » de la différence. Lors de la première conférence d'Estoril au Portugal en mai 2009, j'ai été interpellé à deux reprises comme un étranger alors même que mon sujet était « notre » Europe. L'ancien président du gouvernement espagnol José María Aznar, en affirmant qu'il n'y avait qu' « une seule civilisation [...] des gens civilisés », ne savait plus vraiment où me placer dans ce paysage. Entre le « nous » restrictif et le « nous » dominant, où peut-on bien situer celles et ceux que l'on considère comme les « étrangers » peu « civilisés » – à dominer, dompter, domestiquer ? Ces étrangers de l'intérieur, les « citoyens immigrés » ou les « immigrés citoyens », les allochtones jamais vraiment autochtones (selon la terminologie néerlandaise) : on peine à traduire des perceptions qui en fait défient les catégories les plus élémentaires du droit.

Les perceptions sont aussi des faits et il faut compter avec leur prégnance sur l'ensemble des débats contemporains. Un rapport de l'institut américain Gallup (mai 2009[1]) montre l'incroyable fossé entre les populations européennes en général et leurs concitoyens musulmans. Près des trois quarts des musulmans se sentent et se disent loyaux envers leur pays (France, Allemagne, Royaume-Uni pour le sondage) tandis que seulement un quart de la population générale les perçoit comme tel. En Allemagne, le pourcentage de musulmans qui s'identifient à leur pays (46 %) est plus important que celui des Allemands dits « de souche » (36 %). Les exemples de perceptions tronquées, inadéquates, voire dangereuses, sont légion. Les points d'accord ne sont pas moins intéressants : l'emploi, l'habitat, le bien-être sont considérés de façon identique comme des facteurs déterminants pour l'avenir de nos sociétés. Les perceptions sont souvent divergentes alors que les attentes et les espoirs sont similaires.

Au lieu de se confronter au visible qui fige, on ferait donc bien de souligner ce qui est profondément commun en matière de préoccupations sociales, économiques et politiques. Les citoyens occidentaux, dans leur pluralité culturelle et religieuse, partagent bien plus de valeurs et d'espoirs

---

1. *The Gallup Coexist Index 2009 : A Global Study of Interfaith Relations*, rapport rendu public à Londres le 7 mai 2009.

qu'ils ne le croient au premier abord. Encore faut-il prendre le risque de s'ouvrir à l'autre et de regarder les vrais problèmes qui concernent nos sociétés contemporaines. Il faut pour cela dire « nous », ensemble, contre la pauvreté, la marginalisation sociale, le chômage et l'insécurité. S'engager ensemble pour la dignité des êtres humains, des exclus, des sans-papiers, des immigrés et pour celle de ces femmes et enfants devenus les marchandises d'un nouveau type de traite d'esclaves, de la prostitution à l'exploitation inhumaine. « Nous », ensemble pour refonder un projet de société plurielle et plus juste, une société qui dépasse les perceptions et qui offre connaissance et respect en renouant avec l'essence de l'acte politique (confrontant des visions, des philosophies de la gouvernance, des idées et des stratégies d'action).

Les pensées évoluent et il faudra du temps, beaucoup de temps, pour dépasser les crispations actuelles. Cela dépendra de l'engagement de femmes et d'hommes déterminés à changer les choses, à valoriser les différences et à célébrer les nouvelles visibilités culturelles et religieuses. Sans rejet mais également sans naïveté. Le débat doit rester ouvert et critique. Il s'agit d'aller au-delà des perceptions, mais également des déclarations de bonnes intentions.

C'est ce chemin, sinueux et difficile, que j'ai décidé d'emprunter quand j'avais vingt ans et que je poursuis depuis. Il s'agit de rester fidèle à soi-même et d'accepter de confronter ses perceptions avec les analyses simplistes ou les manipulations idéologiques, de déterminer ses objectifs, de connaître ses amis et de reconnaître les horizons de l'adversité. La route est longue mais il n'est pas d'autre choix que celui d'accompagner l'histoire, de dépasser le transitoire et de réformer ce qui peut l'être : nos intelligences, nos arrogances, nos peurs, nos doutes, nos aveuglements. J'essaie, autant que faire se peut, de cheminer dans le bon sens, et mon intime conviction est que ce sera long, difficile, mais que l'avenir reste ouvert.

À « nous » de nous engager, avec l'humilité de ceux qui essaient et l'ambition de ceux qui servent. Il faut désormais faire entendre la voix de ceux qui construisent des ponts et permettent des rencontres, et non plus le seul vacarme de ceux qui détruisent et cloisonnent. Il faut devenir positivement visibles, exprimer notre rejet des extrêmes et notre détermination à développer un vrai pluralisme, une philosophie assumée du pluralisme.

Introduction

Ce livre est un ouvrage de clarification. Il s'agit d'un exposé, volontairement accessible, des idées fondamentales que je n'ai eu de cesse de défendre depuis plus de vingt-cinq ans, destiné à celles et ceux qui n'ont pas beaucoup de temps : simples citoyens, politiciens, journalistes, travailleurs sociaux, voire enseignants un peu pressés, mais qui désirent comprendre et, le cas échéant, vérifier. Plutôt que de taper mon nom sur un des moteurs de recherche d'Internet ou de se satisfaire des encyclopédies virtuelles prétendues « libres » et pourtant si orientées (du type Wikipédia où les erreurs factuelles et les analyses partisanes sont proprement sidérantes), je propose ici aux lecteurs d'accéder directement et simplement à ma pensée.

On m'a présenté ces dernières années comme un « intellectuel controversé ». On ne sait pas très bien ce que cela veut dire mais, dans les faits, tout le monde s'accorde à reconnaître que l'« intellectuel controversé » est celui dont la pensée ne laisse pas indifférent. D'aucuns la louent, d'autres la critiquent, mais dans tous les cas elle fait réagir et réfléchir. Mon champ d'intervention n'a jamais été unique : je ne me suis pas seulement exprimé sur la « religion musulmane », même s'il est important de préciser qu'un des domaines de mon travail est bien une réflexion théologico-légale à partir des références islamiques elles-mêmes. Je ne représente pas tous les musulmans, mais je me situe dans le courant réformiste et il s'agit pour moi, à partir des sources scripturaires, de rester fidèle aux principes de l'islam tout en tenant compte de l'évolution des contextes historique et géographique. Beaucoup de lecteurs, qui ne sont pas intéressés par la question religieuse ou qui n'ont pas de connaissances dans ce domaine, ont du mal à comprendre mon propos et ma méthodologie.

À la différence des littéralistes qui se contentent de citer des versets, les réformistes doivent prendre le temps de mettre en perspective et de contextualiser leur discours. Le lecteur ou auditeur, pour comprendre, doit suivre le raisonnement du début à la fin, sous peine de se tromper dans ses conclusions, de considérer qu'il y a des contradictions dans la pensée étudiée, ou qu'il a affaire à un « double discours ». Il faut préciser ceci : le double discours consiste à dire une chose devant un auditoire pour le flatter ou le tromper, et à affirmer autre chose ailleurs, à un autre auditoire ou dans une autre langue. Adapter son niveau de langue, ou la nature de ses références à son auditoire, ne relève pas du double discours. Si je m'adresse à mes étudiants, je parle une langue soutenue, avec des références philosophiques que ceux-ci peuvent comprendre ; si je m'exprime devant des acteurs sociaux ou des travailleurs manuels, mon propos et mes illustrations seront également adaptés ; si, enfin, je parle à des musulmans, mon langage et mes références tiendront également compte de leur niveau de langue et de leur univers de compréhension. C'est une démarche pédagogique nécessaire. Ce qui compte, pour éviter le double discours, c'est que le contenu du propos ne change pas.

En ce qui concerne les références islamiques, voici quelle méthode sous-tend toutes mes interventions. J'expose ordinairement les faits en trois moments bien distincts. Tout d'abord, je cite les sources : voici un verset ou une tradition prophétique (*hadîth*), et voici ce que l'on peut en comprendre littéralement. Ensuite, j'explique les différentes lectures proposées par les savants au cours de l'histoire, de même que les latitudes d'interprétations que ledit verset ou *hadîth* permet, par sa formulation même ou à la lumière du message de l'islam. Enfin, à partir du verset (ou *hadîth*) et de ses différentes interprétations, je propose une compréhension et une application qui tiennent compte du contexte dans lequel nous vivons. C'est ce que j'appelle l'approche réformiste.

En voici un exemple : 1) Oui, il existe des Textes (un verset, donc des traditions prophétiques) qui se réfèrent au fait de frapper son épouse ; je les cite puisque ce sont les textes que les musulmans lisent et citent. 2) Voici quelles sont les interprétations qui ont été proposées, des plus littéralistes – qui justifient le fait de frapper son épouse au nom du Coran – aux plus réformistes – qui lisent ce verset à la lumière du message global, et qui contextualisent le verset et les traditions prophétiques en tenant également compte de leur chronologie. 3) À la lumière de ces interprétations et en considérant l'exemple du Prophète qui n'a jamais frappé une femme, j'affirme que la violence conjugale est contraire aux enseignements islamiques et que l'on doit condamner ces agissements.

Si mon lecteur ou mon auditeur s'arrête à la première étape de mon propos, ou si le commentateur, malveillant ou non, ne cite qu'une partie de mon développement, il tronque mon raisonnement. Il peut même affirmer que je dis la même chose que les littéralistes et crier au « double discours »… Je cite bien sûr les mêmes versets que les littéralistes, mais mes conclusions ne sont pas les mêmes ! Et c'est parce que je pars systématiquement des sources et de leur interprétation que les musulmans écoutent mes discours, me lisent et s'y retrouvent.

Je me suis aussi intéressé aux questions philosophiques, sociales, culturelles, politiques (sur le plan intérieur comme sur le plan international). Tous ces champs d'étude sont bien sûr liés, d'une façon ou d'une autre, mais je me suis toujours appliqué à ne pas confondre les ordres. Face à la confusion que j'observais dans les débats contemporains sur les questions de société (identités, religions, cultures, insécurité, immigration, marginalisation), je me suis efforcé de déconstruire et de classer ces domaines, sans pourtant les déconnecter. Le présent ouvrage, je l'espère, confirmera cette exigence, cette approche et cette méthodologie.

On a affirmé, je viens de le relever, que j'avais « un double discours », sans jamais avoir apporté de preuves claires. La rumeur est entretenue et les journalistes le répètent. Cette critique est facile : elle est souvent l'argument invérifiable (et invérifié) de ceux qui, volontairement ou non, n'entendent que très sélectivement et ont une « double audition ». Je ne perdrai pas ici mon temps à essayer de me défendre : je n'en ai ni l'envie ni le temps. Pour le lecteur, il est néanmoins important de comprendre pourquoi mon propos peut susciter autant de passions et de réactions. Je sais que je gêne et je sais *qui* je gêne. En parlant de religion, de philosophie ou de politique, j'ai forcément ouvert, au cœur de notre époque troublée, des fronts d'oppositions intellectuelles et idéologiques, et des animosités qui sont souvent très épidermiques. Comme le lecteur pourra le voir, j'ai identifié, à la fin du présent texte, sept différents « opposants » objectifs : dans les faits, ce sont leurs critiques, conjuguées et croisées, qui couvrent mon discours d'un halo de suspicions et de doutes. Certains lisent leurs critiques sans me lire, sans même chercher à situer leurs auteurs, et finissent par prendre pour argent comptant ce qui y est écrit.

Le plus important réside pourtant au-delà, il faut absolument dépasser cet écran de fumée pour accéder à l'essence de ma pensée et de mon projet. J'aborde, dans les pages suivantes, la question de la crise identitaire, et les doutes qui nous touchent tous indistinctement. J'affirme que nous avons des identités multiples et en mouvement, et que rien ne s'oppose (religieusement, légalement ou culturellement) à ce qu'une femme ou un homme soit à la fois européen(ne) ou américain(ne) et musulman(ne). C'est ce que prouvent quotidiennement des millions d'individus. La situation évolue très vite et je ne crains pas de parler de révolution silencieuse. Loin des médias et des crispations politiques, un mouvement de fond constructif a pris corps, et l'islam est devenu une religion occidentale. L'islam occidental, comme l'islam africain, arabe ou asiatique est une réalité. L'islam est bien sûr un et unique sur le plan des principes religieux fondateurs, mais il intègre diversité d'interprétations et pluralité des cultures. Son universalité provient d'ailleurs de cette capacité à intégrer la diversité dans son unicité fondatrice.

Il appartient aux individus musulmans d'être – et de devenir – des citoyens engagés qui connaissent leurs responsabilités et leurs droits. Dépassant le réflexe minoritaire ou la tentation victimaire, ils ont les moyens d'accéder à une nouvelle ère de leur histoire. Pour ceux qui sont nés en Occident – ou qui y sont des citoyens –, il n'est plus question d'« immigration », d'« installation » ou d'« intégration », mais bien de « participation » et de « contribution ». J'affirme que nous sommes passés, et que nous devons passer, à l'ère du discours de la « postintégration » : il faut désormais établir un sens profond et assumé de l'appartenance. C'est le nouveau « nous » que j'appelle de mes vœux, et qui déjà est une réalité dans certaines expériences locales.

Toutefois, il ne faut pas être naïf, les défis restent importants. J'en ai établi une liste en ce qui concerne les musulmans : la relation entre religion et culture, la question des femmes, la formation des imams, l'éducation religieuse contextualisée, l'institutionnalisation de la présence dans la société… Les sociétés occidentales et européennes, leurs politiciens et leurs intellectuels, doivent regarder les réalités en face et cesser de parler, parfois après quatre générations, de « l'origine immigrée » des citoyens, « issus de la diversité », « à intégrer ». Ils doivent se réconcilier avec la politique et ne pas faire comme si, au nom de la culture et de la religion, le statut ou la classe sociale étaient devenus des références inopérantes et désuètes : il s'agit de ne pas « islamiser » les problèmes sociaux et de traiter politiquement des questions de chômage et de marginalisation sociale. Il importe également d'évaluer les contenus d'enseignement (notamment en histoire mais aussi en littérature et en philosophie) pour devenir plus représentatifs d'une histoire commune qui prendrait en compte les mémoires et leurs richesses. L'Occident, en même temps qu'un dialogue avec « l'autre », doit engager un dialogue avec lui-même – sérieux, profond et constructif.

J'aborde ces questions tout au long de ces pages. J'ai voulu être le plus clair possible tout en restant simple et méthodique. Un livre à thèses, présentant quelques-unes de mes convictions, pour celles et ceux qui ont le souci réel de comprendre, sans avoir toujours le temps de lire et d'étudier la totalité des œuvres. Un livre-introduction qui ne suffit pas à résumer la complexité d'une pensée (qui, de surcroît, a pu évoluer et se densifier avec le temps), mais qui permettra au moins, je l'espère, d'entamer un débat ouvert, rigoureux et critique. Nous en avons bien besoin.

1

Premiers pas, premiers enseignements

C'est vers la fin des années 1980 et le début des années 1990 que j'ai commencé à m'engager plus spécifiquement sur la question de l'islam et des musulmans dans le monde, et plus particulièrement en Occident. Auparavant, pendant des années – dès l'âge de dix-huit ans –, j'avais parcouru le tiers-monde, de l'Amérique du Sud à l'Inde, en passant par de très nombreux pays du continent africain. J'avais été élevé au sein d'une famille pour qui l'appel et le sens de la foi étaient liés à la défense de la dignité humaine et de la justice. Même s'il ne se faisait pas au nom de l'islam, mon engagement avait toujours été valorisé par ma mère comme par mon père : lutter contre la pauvreté dans le Sud, promouvoir l'éducation (notamment celle des femmes), protéger les enfants de la rue, se rendre dans les *favelas* et soutenir des projets sociaux, lutter contre la corruption et les dictateurs, et revendiquer un commerce plus humain et équitable étaient autant de causes justes qu'ils reconnaissaient et saluaient.

Enseignant puis très jeune doyen dans un lycée genevois, j'avais lancé des opérations de sensibilisation à la solidarité dans les écoles, les collèges et les lycées. Croyant et pratiquant dans ma vie privée, je respectais le devoir de réserve de ma fonction publique : jamais mon appartenance religieuse n'a été mise en avant. Il était juste qu'il en fût ainsi. L'institution scolaire et les médias louaient ce « travail exemplaire » de mobilisation des jeunes pour la solidarité dans les pays du tiers-monde comme en Occident – puisque nous avions aussi lancé des opérations de sensibilisation vis-à-vis des exclus du quart-monde dans les sociétés industrialisées et des personnes âgées – et j'avais été élu l'une des personnalités genevoises de l'année en 1990. En tant qu'enseignant, j'avais écrit trois livres avec mes élèves afin de les exposer à la vie, à l'environnement et aux défis de la société. Un ouvrage collectif sur les personnes âgées et la mémoire (*Le Sablier fendu*), un autre sur la marginalisation et l'échec scolaire (*En rouge, dans la marge*), un dernier enfin sur la diversité (*Un point commun, la différence*). La ville de Genève avait financé ces projets qui avaient reçu un accueil très chaleureux. Il s'agissait de penser l'instruction au cœur de la cité, et l'enseignement du français et de la littérature comme un moyen de communiquer avec des femmes et des hommes faisant face à des problèmes sociaux ou simplement confrontés aux différences. J'ai énormément appris durant ces années sur l'écoute, la patience, le non-jugement et l'empathie. Plus jeune déjà, un de mes anciens élèves était mort d'overdose et, au fond, je ne l'ai jamais oublié. J'ai été son « prof », mais il a été mon enseignant. Il est mort alors que j'étais sûr qu'il s'en était sorti : j'ai alors compris que rien n'est jamais acquis et que nos fragilités restent, malgré les masques de la force. La force, finalement, c'est d'assumer ses fragilités et non se persuader qu'on les a dépassées, à moins que le fait de les dépasser consiste simplement à les assumer… Thierry, mon élève « à l'affection compliquée[1] », m'a appris ces horizons de la relation éducative, et cela ne fut pas facile. Un jour, c'est dans le conflit qu'il m'a également appris l'empathie et la distance critique. Sa sœur m'avait appelé car il avait frappé sa maman. La lèvre supérieure de cette dernière s'était encastrée entre ses dents.

1. Voir le texte que je lui ai dédié en annexe, p. 191.

En arrivant à l'hôpital, j'étais en colère, je ne pouvais rien imaginer de tel : frapper sa propre mère ! Lorsque j'entrai dans la salle d'attente, sa sœur se précipita vers moi et m'expliqua que la violence avait toujours été le langage de la maison, et qu'il fallait que je comprenne : tous deux avaient vu leur père battre leur mère, et avaient subi la violence au quotidien. « La violence, c'était notre moyen de communiquer », me murmura-t-elle. J'ai soudain compris les causes probables de son attitude, sans jamais accepter ni justifier. Comprendre n'est pas justifier, l'empathie autorise cette distinction et l'intelligence permet, par la compréhension, d'adopter une position critique nous permettant de chercher des solutions. J'étais jeune, et mon élève m'avait jeté ces vérités en pleine face. Il m'a fait grandir. Je n'ai jamais oublié ces enseignements, *ses* leçons.

Dans cet engagement de solidarité, à Genève, au Brésil, en Inde, au Sénégal ou au Burkina Faso, les expériences furent riches et nombreuses. Des personnalités telles que le dalaï-lama, dom Hélder Câmara, l'abbé Pierre, Pierre Dufresne ou Thomas Sankara m'ont impressionné, et, bien sûr, je leur dois beaucoup, mais c'est surtout les anonymes qui emportaient mon adhésion. Les courageux du silence, les résistants de l'ombre : combien d'enseignements reçus loin des caméras et du public…

Je me souviens d'avoir invité un jour un travailleur social colombien à l'école lors de nos réunions de travail de solidarité. Il devait parler des problèmes d'injustice, de la pauvreté et de la crise dans son pays. J'étais au fond de la classe et je l'écoutais. Il a passé la première moitié de son intervention à parler des danses traditionnelles colombiennes avec musique et illustrations en prime. Je regardais ce spectacle en me disant qu'il n'avait pas bien compris ce que j'attendais de lui. Soudain, il s'arrêta et expliqua aux élèves : « J'ai voulu vous parler de la musique et des danses traditionnelles colombiennes pour que vous sachiez qu'avant d'avoir des problèmes, nous les Colombiens, nous avons un être, une dignité, des traditions, une culture, et que nous rions, sourions, vivons. » En trente minutes, il m'avait donné une leçon à laquelle je ne m'attendais pas : ne jamais réduire l'autre à la perception que l'on peut en avoir, à ses problèmes, à sa pauvreté ou à ses crises. Il m'avait donné une leçon sur la pédagogie de la solidarité. Je m'étais trompé. J'ai ensuite lancé un mouvement à l'intérieur des écoles de Genève appelant à une vraie « pédagogie de la solidarité ». Il faut commencer par le sourire, la dignité, la culture qui façonnent l'être avant de le réduire à une somme de besoins dont « je » serais solidaire. Trente minutes de ma vie qui ont radicalement changé mon regard sur autrui et la vie. Grâce à cet engagement, j'ai appris tant de choses sur la vie, les blessures, les espoirs et les fragilités. Le pouvoir du savoir, la force de l'émotion, l'exigence de patience, l'impératif de l'écoute. J'ai essayé quotidiennement de ne rien oublier.

Des années plus tard, j'ai démissionné de mon poste de doyen et de celui de président de l'association Coopération-Coup de main qui mettait en avant cette fameuse « pédagogie de la solidarité ». J'avais besoin de changement et d'un retour aux sources de ma foi et de ma spiritualité. Autour de moi, la question de l'islam avait pris de plus en plus d'importance tout au long des dix années qui s'étaient écoulées : de la révolution iranienne en 1979, à l'affaire Rushdie ou à la controverse autour du « voile islamique » en France en 1989. On commençait à beaucoup parler de l'islam et des musulmans.

J'ai alors décidé de m'engager dans ce qui me semblait déjà être le défi majeur de l'avenir : construire des ponts, expliquer et faire mieux comprendre l'islam, au monde musulman autant qu'à l'Occident que je connaissais si bien pour y avoir vécu et étudié la littérature française et la philosophie. Mon mémoire de philosophie traitait de *La notion de souffrance chez Nietzsche*, puis ma thèse, intitulée *Nietzsche, historien de la philosophie*, m'avait amené à une lecture sérieuse et approfondie des plus grands philosophes occidentaux – de Socrate, Platon et Aristote à Schopenhauer, en passant par Descartes, Spinoza, Kant, Hegel ou Marx –, afin de confronter la substance de leurs thèses aux traductions et interprétations nietzschéennes parfois très libres. Mon temps était alors dédié à la lecture (et un peu aux sports), et j'avais l'habitude de me plonger dans les textes entre cinq et huit heures par jour. J'ai également pris la décision de reprendre des études intensives de sciences islamiques. Je me suis établi un programme de lecture spécialisé, puis j'ai décidé de me rendre en Égypte avec ma famille. Il s'agissait pour chacun d'en bénéficier : pour ma femme et mes enfants, ce séjour leur permettait de connaître le pays, d'apprendre l'arabe et d'étudier l'islam. De mon côté, je m'étais imposé un programme astreignant avec l'objectif de couvrir en vingt mois un programme de formation universitaire de cinq ans. Le mode de formation traditionnel (avec un savant – *'âlim*, en cours privé) me permettait un rythme individuel et intensif qui commençait tous les jours à 5 heures et finissait à 23 heures ou minuit. Je n'oublierai jamais cette période de formation : intense, difficile, mais si lumineuse et éclairante. Grâce à

Dieu, j'ai atteint mes objectifs et je n'ai cessé depuis de poursuivre ma formation par des lectures, des rencontres, et bien sûr l'écriture d'articles et d'ouvrages sur l'islam en général ou le droit et la jurisprudence islamiques (*fiqh*) en particulier.

Les valeurs et principes qui avaient motivé mon premier combat – pour la solidarité, la dignité humaine, la justice dans les sociétés du Sud comme dans celles du Nord – nourrissaient mon engagement en tant que musulman. Il s'agissait d'assumer ma religion, de l'expliquer et, surtout, de montrer que nous avons tant en commun avec le judaïsme, le christianisme, mais également avec les valeurs prônées par tant d'humanistes, d'athées et d'agnostiques. Il s'agissait de questionner des préjugés, de revisiter les fausses constructions du passé de l'Europe (dont l'islam aurait été absent) et, bien sûr, de permettre de nous engager avec confiance pour ce « vivre ensemble » qui allait être notre destin commun.

Il faut commencer par un constat objectif. La société multiculturelle est un fait et il ne s'agit pas d'être pour ou contre. Il est bon de rappeler cette vérité élémentaire au moment de s'engager dans le débat sur le « multiculturalisme », l'« intégration » ou la « citoyenneté ». Que nous le voulions ou non, nos sociétés occidentales – des États-Unis à l'Europe en passant par le Canada et l'Australie –

sont culturellement diversifiées, à l'image de ce qu'ont connu depuis longtemps les sociétés sud-américaines, africaines et asiatiques (et jusqu'à l'Europe de l'Est que l'on néglige si souvent en Europe). Il faut faire avec, et chercher les meilleurs moyens d'apaiser les contours de cette « citoyenneté multiculturelle » dont parlent le philosophe Charles Taylor et le sociologue Tariq Modood. Le défi de la diversité exige des solutions pratiques et impose aux citoyens, aux intellectuels comme aux représentants religieux, de développer un esprit critique et nuancé, toujours ouvert à l'évolution, à l'analyse et, bien sûr, à l'autocritique. Faire entendre ses propres exigences tout en sachant écouter l'autre, concevoir le compromis tout en refusant la compromission, affronter les certitudes ancrées et les esprits rigides ou dogmatiques dans tous les camps, et surtout parmi sa famille culturelle et religieuse : tout cela n'est pas facile et exige temps, patience, empathie et détermination.

J'avais décidé de m'engager dans ce travail de médiation entre les univers de référence, les cultures et les religions. J'assumais pleinement tout à la fois ma religion musulmane et ma culture occidentale, et j'affirmais que les valeurs et les espoirs communs sont plus essentiels et plus nombreux que les différences. Un message difficile à faire entendre en ces temps de débats passionnés, où les voix se confondent et la surdité se généralise. Un médiateur est un pont, et un pont n'appartient jamais à une seule rive. Il est toujours un peu trop de « l'autre côté », toujours soupçonné de « double » loyauté. Ainsi, j'étais toujours « un peu trop occidentalisé » pour certains musulmans, et « un peu trop musulman » pour quelques Occidentaux. Des deux côtés de la rivière, le médiateur doit donc prouver sa pleine appartenance. Comme me le suggérait un interlocuteur sur mon site, lorsque la passion et l'émotivité l'emportent et colonisent les débats, l'intervention nuancée, critique et autocritique, devient suspecte, et la nuance est vite perçue comme de l'ambiguïté. Le médiateur se voit l'objet de projections qui sont parfois dues à une longue histoire, à des contentieux et des traumas profonds. Rien n'est simple : vous vous faites des « ennemis » des deux côtés, et l'on vous traite parfois de traître ou de « vendu », voire de manipulateur adepte du « double discours ».

J'ai fait face des années durant – et cela continue – à ces critiques, doutes, suspicions et rejets. J'ai toujours su que ce serait le prix à payer puisqu'il s'agissait au fond d'ébranler certaines certitudes, de confronter des préjugés, de remettre en cause certaines conclusions simples et simplistes. Le prix politique devint vite une évidence avec les interdictions qui tombaient : je fus successivement banni d'Égypte, dont je critiquai le régime, puis, pour les mêmes raisons, de Tunisie, d'Arabie saoudite, de Syrie, d'Algérie ou encore de Lybie. De l'autre côté, on m'interdit d'entrer en France pendant six mois, de novembre 1995 à mai 1996, et mon visa américain fut révoqué sans raison valable en juillet 2004. Dans les deux univers, je fis face à des mesures liberticides et encore aujourd'hui le refus de salles est une constante en France et parfois en Belgique. Il n'est jamais facile d'opérer une médiation entre des univers culturels et religieux dont la communication a toujours été problématique historiquement – sur le plan philosophique autant que politique et économique. On fait mine de ne parler que de « valeurs », alors que l'essence des alliances et des conflits est bien plus souvent le pouvoir. Tout simplement.

C'est ainsi qu'est née la figure de « l'intellectuel controversé » que l'on accuse, « des deux côtés de la rive », de ne jamais être assez clair, d'être suspect, peu digne de confiance, pour ne pas dire trouble. Je n'ai eu de cesse de demander à mes critiques d'indiquer les zones d'ombre de mon propos afin que je puisse y remédier. Ce fut parfois effectivement le cas, mais il faut bien admettre que mes critiques peinent parfois à désigner précisément les prétendues ambiguïtés de mon discours. Le plus souvent, c'est parce qu'ils n'ont tout simplement pas lu mes ouvrages et mes articles et, parfois, cela tient soit à de l'autopersuasion, soit à une volonté délibérée de rendre inaudible mon propos sous un nuage de suspicions ou de rumeurs – entretenues par la répétition des mêmes arguments sur « le double discours » ou « l'habileté rhétorique » qu'aucune démonstration sérieuse ne vient étayer. La fréquence de la répétition (dans les médias et sur Internet) assure la pérennité de la vérité du doute et du caractère controversé de l'intellectuel. Pour exprimer cette « vérité », les médias me présentent désormais souvent, pour se protéger ou exprimer le climat ambiant, comme le « très controversé ».

Amené à prendre position sur mon travail, Charles Taylor a eu un jour une heureuse formule : il a affirmé que je n'avais pas de « double discours » ou de « propos ambigus », mais que mon discours était clair entre deux univers qui, eux, étaient très ambigus. Taylor a résumé l'essentiel de ce que je savais, dès l'origine, quant à mon engagement : un propos cohérent entre deux univers de référence, « civilisations » et cultures, traversés par des crises, des incohérences et des jeux de pouvoir, devait s'attendre aux foudres de la double critique. Critique pour le moins temporaire, car l'histoire nous prouve que le temps aplanit, par la normalisation, ce que nos peurs et nos crispations circonstancielles ne sauraient concevoir.

2

MUSULMAN ET « INTELLECTUEL CONTROVERSÉ »

De fait, après une reconnaissance initiale dans la société et les institutions scolaires, tout avait changé. Les valeurs de dignité, de solidarité et de justice que j'avais défendues comme citoyen et enseignant (et que l'on avait tant saluées dans le passé) n'avaient plus la même teneur, ni le même goût, quand elles étaient défendues par un « intellectuel » ou un « savant musulman ». Au moment où je me suis mis à parler comme un « musulman », ou que j'ai été perçu comme tel, à ce moment très précis, un voile de suspicion a été déployé sur mes intentions et mes discours. Je vivais l'expérience de cette révélation : le lourd et ancien contentieux des relations houleuses de l'Europe avec la religion, et en particulier avec l'islam – de l'influence intellectuelle niée aux croisades et aux colonisations –, n'avait clairement pas été réglé. J'étais un Suisse, un

Européen, mais j'étais surtout « un musulman » dans le regard de mes concitoyens : je n'étais au demeurant pas un « vrai Européen », ou fallait-il encore que je le prouve. Mes interlocuteurs dressaient des listes de questions auxquelles il fallait me soumettre pour « tester » la vraie nature de mon « intégration » et m'imposer au passage une posture défensive me poussant à une constante justification.

J'observais, j'analysais et j'évaluais la nature des contentieux du passé et des craintes du présent. L'immigration continue depuis la Seconde Guerre mondiale, la nouvelle visibilité des jeunes générations de musulmans, les revendications nouvelles dans les écoles et les hôpitaux… Autant de phénomènes (auxquels allait bientôt s'ajouter la violence) de nature à entretenir la peur et la suspicion. La conscience occidentale, partout, faisait face à de profonds doutes : qu'allons-nous devenir avec cette immigration galopante dont, en sus, les sociétés occidentales ont besoin ? Qui sont ces musulmanes et ces musulmans représentant « une nouvelle citoyenneté[1] », et qui font majoritairement face à de

1. Dans les pays les plus industrialisés comme l'Angleterre, la France, la Belgique, les États-Unis ou le Canada. Le phénomène de cette installation définitive, du passage de l'immigrant au citoyen, allait (et continue) de se répandre dans tous les pays occidentaux.

sérieuses difficultés économiques alors que les partis politiques les connaissent si peu ? Que veulent-ils, au fond : « s'intégrer » ou « islamiser » l'Europe, l'Amérique et l'Occident ?

Très vite, mon engagement dans le débat public occidental sur la question de l'islam allait rassembler sur l'« intellectuel visible » une multitude de projections et/ou d'animosités surgies de plusieurs fronts. Mes appels au dialogue, à la rencontre autour des universels communs et au « vivre ensemble » dans l'enrichissement mutuel paraissaient « trop beaux pour être vrais » et devaient « cacher quelque chose ». Dans les faits, mes prises de position étaient aussi de nature à gêner les intérêts de certains idéologues, organisations, mouvements et gouvernements pour qui la présence de l'islam et de musulmans assumés – parfois critiques et revendicateurs – était en soi problématique et potentiellement dangereuse. Depuis quinze ans, les attaques se sont multipliées, en provenance de plusieurs fronts qu'il est possible d'identifier sans grande difficulté (j'y reviendrai au terme de cet essai). Les médias ont souvent relayé ces critiques, soit avec des agendas et des objectifs douteux (quand ils étaient eux-mêmes impliqués idéologiquement), soit en rapportant simplement les allégations, toujours les mêmes, glanées ici et là sur Internet.

On a d'abord attaqué ma filiation. Petit-fils du fondateur des Frères musulmans, j'étais par définition dangereux et il ne fallait pas m'écouter. L'islam, disait-on – et répète-t-on encore –, permet la dissimulation (*taqiyya*), et je la pratiquais donc sans limite : tout ce qui apparaît si beau au public occidental n'est somme toute que la face présentable d'un « agenda caché » autrement plus obscur (je veux islamiser la modernité, l'Europe et l'ensemble de l'Occident et sans doute ai-je des liens avec des radicaux ou des terroristes). Ces allégations, répétées des centaines de fois sur Internet (évidemment sans preuves), donnent aujourd'hui l'impression qu'il y a sans doute quelque chose de vrai dans tout cela. Il n'y a pas de fumée sans feu, répète-t-on, sans prendre le temps de chercher la nature du feu et de celles et ceux qui l'alimentent.

3

PLUSIEURS FRONTS, DEUX UNIVERS, UNE PAROLE

Les oppositions sont multiples et empêchent à l'évidence mon discours d'être entendu pour ce qu'il est dans sa substance, ses nuances et sa vision d'avenir. Certaines des critiques formulées sont bien sûr sincères, et elles posent des questions légitimes auxquelles je vais d'ailleurs essayer de répondre, mais d'autres sont clairement tendancieuses, et veulent faire passer leur écoute sélective et biaisée pour « un double discours » dont il faudrait se méfier. J'ai depuis longtemps fait la critique de leur surdité volontaire et de leur « double audition » idéologique : je tiens à aller de l'avant, à ne pas perdre mon temps avec ces distractions stratégiques, et à rester fidèle à mes principes et à mon projet.

Il s'agit d'établir des ponts entre deux univers de référence, entre deux constructions (très discutables) qu'on appelle les « civilisations » occidentales et islamiques (comme s'il s'agissait d'entités fermées et monolithiques), et entre les citoyens à l'intérieur même des sociétés occidentales. Il importe de montrer, théoriquement autant que pratiquement, que l'on peut être tout à la fois pleinement musulman et occidental et que, au-delà de nos différences apparentes, nous partageons beaucoup de valeurs à partir desquelles le « vivre ensemble » est possible dans nos sociétés pluralistes, multiculturelles, et où coexistent plusieurs religions.

L'essence de cette approche et les idées qui l'accompagnent ne datent pas du 11 septembre 2001, et n'ont pas été non plus une réaction aux thèses de Samuel Huntington sur le « clash des civilisations », formulées au milieu des années 1990 (et que l'on a d'ailleurs bien mal lues et interprétées). Dès la fin des années 1980, puis dans mon ouvrage *Les Musulmans dans la laïcité*[1], j'ai exposé les fondements de mes convictions concernant la compatibilité des valeurs et la possible coexistence positive (et non pas seulement pacifique) des individus et des citoyens

1. Tawhid, Lyon,1994.

de cultures et de religions différentes. Contrairement à ce que j'ai pu percevoir chez certains intellectuels et leaders, et parmi eux des penseurs et des représentants religieux musulmans, l'exposé de ces thèses ne fut en rien une réaction à l'air du temps, ou un revirement produit par le trauma post-11-Septembre. Il s'agit d'une prise de position très ancienne qui s'est densifiée et clarifiée avec le temps. On en trouve la substance dans les premiers livres et articles en 1987-1989, puis l'évolution et l'élaboration dans chacun de mes écrits jusqu'à aujourd'hui, dans le présent ouvrage. La parole religieuse d'un musulman, de même que le rôle de médiateur, suscite, je l'ai dit, des réactions négatives dans les deux univers de référence. De plus, ce qui ajoute à la difficulté, je ne me borne pas à mettre en évidence les zones d'intersection et les points communs entre ces deux univers : j'appelle les intellectuels, les politiciens et les religieux à un devoir nécessaire de cohérence et d'autocritique. Cet exercice est moins apprécié par mes interlocuteurs parce que, somme toute, il n'est pas aisé.

La rencontre entre l'Occident et l'Islam ne se réalisera pas de façon constructive (entre les civilisations, les nations et/ou les citoyens) par un simple vœu pieux en rappelant de façon optimiste l'existence de valeurs communes. Le problème se situe en amont. Il s'agit pour tous de faire preuve d'humilité, de respect et de cohérence. D'*humilité,* en reconnaissant que personne, aucune civilisation ou nation, n'a le monopole de l'universel et du bien, et que nos systèmes politiques et sociaux ne sont pas parfaits ; de *respect* vis-à-vis de l'autre parce qu'il faut être persuadé que les richesses et les acquis de ce dernier peuvent nous apporter quelque chose ; enfin de *cohérence,* car la présence de l'autre est comme un miroir qu'il faut utiliser pour affronter nos contradictions et nos incohérences dans l'application concrète et quotidienne de nos valeurs les plus nobles. L'exercice est difficile mais il est impératif. Au lieu de comparer injustement l'idéal de nos valeurs théoriques avec les déficiences de la pratique de l'autre, il importe de comparer les pratiques, de mettre en évidence les contradictions et les hypocrisies mutuelles pour s'imposer ensemble une double exigence : clarifier l'espace de nos valeurs communes et nous efforcer d'y être toujours plus fidèles intellectuellement, politiquement, socialement et culturellement. Cette exigence stricte et déterminée m'a amené à être perçu comme un « traître » par certains musulmans, et comme un « agent infiltré de la cinquième colonne » par certains de mes concitoyens occidentaux.

Aux musulmans je répète que l'islam est une grande et noble religion, mais que tous les musulmans, ou les sociétés majoritairement musulmanes, ne furent et ne sont pas – de loin – à la hauteur de cette noblesse, dans l'histoire comme à l'époque contemporaine. Une réflexion critique s'impose sur la fidélité à nos principes, notre regard sur l'autre, les cultures, les libertés et la situation des femmes.

Aux Occidentaux je répète de la même façon que les acquis indéniables de la liberté et de la démocratie ne sauraient faire oublier « les missions civilisatrices » bien meurtrières, les colonisations, l'ordre économique destructeur, les racismes, les discriminations, les relations entendues avec les pires dictatures. *Nos contradictions et nos ambiguïtés sont innombrables.* Une même exigence et une même rigueur entre deux univers.

4

Crises croisées

On présente souvent le problème de la présence musulmane en Occident comme un problème de religions, de valeurs et de cultures qu'il faudrait régler avec des arguments théologiques, des mesures légales, ou encore l'affirmation de certains principes et valeurs indiscutables. On se trompe pourtant si l'on ne prend pas en compte les tensions psychologiques qui entourent et façonnent parfois la rencontre entre l'Occident, l'Europe, et les musulmans et l'islam. Le débat critique sur les systèmes de pensée, les valeurs et les identités est impératif, et il doit être mené de façon scrupuleuse, critique et approfondie, mais son omniprésence sur la scène européenne cache d'autres préoccupations dont il faut tenir compte, sauf à se tromper d'objet.

Les sociétés occidentales en général, et les Européens en particulier, traversent une crise d'identité multidimensionnelle et profonde. Sa première expression tient au double phénomène de la mondialisation, au-delà de la référence de l'État-Nation. Les anciens repères de l'identité nationale, de la mémoire du pays, des références culturelles singulières semblent s'éroder : partout, on sent des crispations, des retours à des affirmations identitaires redéfinies et structurantes, tantôt nationales, tantôt régionales. À cela s'ajoutent les phénomènes migratoires, dont nous avons parlé, qui intensifient le sentiment d'être emporté et emprisonné dans une logique irréversible : l'Europe vieillit et a besoin d'immigrés pour maintenir le pouvoir et l'équilibre de son économie. Les États-Unis, le Canada et l'Australie font face aux mêmes besoins, avec une tradition migratoire séculaire. Or, ces immigrés mettent à mal l'homogénéité culturelle déjà menacée par la globalisation de la culture et des communications. La quadrature du cercle : les besoins économiques sont en contradiction avec les résistances culturelles, et ces dernières ne seront forcément jamais suffisamment fortes. C'est la seconde dimension de la crise identitaire : les assauts proviennent ici de l'extérieur, et ébranlent les repères traditionnels. Mais ce n'est pas tout : on voit aussi apparaître, à l'intérieur même des sociétés, des citoyennes et des citoyens d'un nouveau genre. Ils étaient asiatiques, africains, turcs ou arabes, et les voilà devenus français, britanniques, italiens, belges, suédois, américains, canadiens, ou australiens. Leurs parents, isolés, étaient venus pour gagner leur vie (et sans doute repartir), et voilà que leurs enfants sont de plus en plus « intégrés » dans la société, de plus en plus visibles dans les rues, les écoles, les entreprises, l'administration, sur les campus… Ils sont visibles par leur couleur, leur tenue vestimentaire et leurs différences, mais ils parlent la langue du pays et sont bien français, britanniques, italiens, belges, suédois, américains, canadiens ou australiens. Leur présence, de l'intérieur, bouscule les représentations et provoque des crispations identitaires parfois passionnées – de l'incompréhension au rejet sectaire ou même raciste. Un autre phénomène « de l'intérieur » est apparu ces dernières années : non seulement on a pu constater l'augmentation de l'insécurité et de la violence dans certaines régions, zones ou cités à cause d'une mauvaise intégration sociale, mais un phénomène global menace les sécurités nationales. De New York en septembre 2001 à Madrid en mars 2004 ou Londres en juillet 2005, la présence musulmane importe, par l'intermédiaire de réseaux islamistes extrémistes et violents, des revendications internationales et s'en prend à des citoyens innocents. Le terrorisme frappe de l'intérieur puisque la plupart de leurs auteurs sont soit nés et éduqués en Occident, soit parfaitement imprégnés de la culture occidentale. L'expérience de la violence achève de dessiner le portrait de cette profonde crise d'identité : mondialisation, immigrations, nouvelles citoyennetés, violences sociales et terroristes ont des effets palpables sur la psychologie collective des sociétés occidentales.

Les doutes et les peurs sont visibles. Certains partis politiques d'extrême droite exploitent ces peurs et tiennent des propos rassurants et populistes en insistant sur la fibre nationaliste, l'identité à retrouver et à protéger, le refus des immigrés, la sécurité et la stigmatisation du nouvel ennemi que représente l'islam. Leurs rhétoriques trouvent naturellement un écho dans les populations qui doutent, et tous les partis doivent se situer vis-à-vis de ces questions sensibles. Le phénomène est transversal et provoque des repositionnements stratégiques à l'intérieur des anciennes familles politiques : des tensions s'expriment, à gauche comme à droite, entre ceux qui refusent de répondre à la crise identitaire par des discours stigmatisants, sectaires ou racistes, et d'autres qui ne voient pas d'autres moyens pour avoir un avenir politique que de répondre à la peur des populations. Conférences, débats et livres se multiplient : on cherche partout à définir ce qu'est l'identité française, britannique, italienne etc., et quelles sont les racines et les valeurs de l'Europe, de l'Amérique, de l'Australie, la viabilité ou non du pluralisme culturel ou du multiculturalisme. Ces questions révèlent les peurs autant que les doutes.

On trouve les mêmes questionnements parmi les musulmanes et les musulmans. La crise identitaire est une réalité qui se conjugue également dans de multiples dimensions. Sur un plan global, les interrogations sont multiples : face à la globalisation, à la culture mondialisée perçue comme une occidentalisation, le monde musulman traverse une crise profonde. Les sociétés majoritairement musulmanes sont le plus souvent à la traîne sur le plan économique, elles ne présentent la plupart du temps aucune garantie démocratique, et quand elles sont riches, elles ne contribuent à aucun progrès intellectuel et/ou scientifique. Tout se passe comme si le monde musulman, se percevant comme dominé, n'avait pas les moyens de ses prétentions. L'expérience de l'exil économique va ajouter à ce sentiment présent, mais diffus, la dimension concrète des tensions et des contradictions. La peur de perdre sa religion et sa culture au cœur des sociétés occidentales provoque des attitudes naturelles de repli et d'isolement. Tous les immigrés ont vécu cette expérience sur le plan culturel, mais, avec les musulmans, le phénomène s'est doublé de questionnements religieux, souvent mêlés aux considérations culturelles. Les premières générations – d'origine sociale modeste en Europe, mais pas aux États-Unis et au Canada – ont vécu et continuent de vivre des tensions profondes : le sentiment de perte vis-à-vis de la culture et des coutumes d'origine, le tiraillement entre deux langues, l'environnement occidental si sécularisé et se référant si peu aux valeurs religieuses (à l'exception des États-Unis), les relations et la communication avec ses propres enfants immergés dans l'environnement occidental... La crise d'identité traverse les générations. Ici aussi, il s'agit de peurs et de souffrances : la peur de la dépossession de soi, de la perte de repères, de la colonisation de l'intime, et des contradictions du quotidien avec le lot de souffrances personnelles et psychologiques que cette expérience implique.

Il faut ajouter à cela les conséquences directes du climat de tension qui s'est installé en Occident. Les crises à répétition (et qui s'accélèrent) : de l'affaire Rushdie à celle du « foulard islamique », des attentats terroristes aux caricatures danoises ou aux propos du pape, la liste s'allonge. Chaque pays a son lot d'instrumentalisations politiques, de faits divers et d'anecdotes croustillantes rapportées par les médias. Un sentiment de stigmatisation et de pression permanente habite de nombreux musulmans. Ils ressentent ces critiques, et cette obsession du « problème de l'islam et des musulmans », comme autant d'agressions, de dénis de droit et d'expression parfois clairement racistes et islamophobes. Ils le ressentent tous les jours : il n'est pas facile d'être un musulman visible aujourd'hui en Occident. Dans une telle atmosphère, la crise de confiance est inévitable : d'aucuns ont décidé de s'isoler, pensant qu'il n'y avait rien à espérer d'une société qui les rejetait ; d'autres ont décidé de devenir invisibles en disparaissant dans la masse ; d'autres enfin se sont engagés à faire face et à ouvrir des espaces de rencontres et de dialogues. Entre l'image médiatique essentiellement négative de l'islam et des musulmans, les discours populistes et sectaires de certains partis, les peurs et les réticences des concitoyens américains, australiens et européens et, de surcroît, la crise de confiance qui s'empare des musulmans eux-mêmes, le défi est de taille.

Il faut tenir compte d'une telle donnée psychologique en entamant cette discussion : les gens ont peur, ils sont habités de tensions et de doutes qui produisent parfois des réactions passionnées, émotives, voire tout à fait incontrôlées et excessives. Les effets de ces crises croisées sont partout visibles : sous le coup de l'émotion, on écoute moins, les réflexions sont de moins en moins élaborées et nuancées, elles s'expriment sur le mode binaire, et la nuance est perçue comme une ambiguïté. Des anecdotes servent de justification aux jugements définitifs de l'autre (les comportements d'un(e) tel(le) représentent toute « sa » société ou « sa » communauté). Les grandes thèses philosophiques ou politiques seront sans effet si l'on ne tient pas compte des conséquences réelles et parfois dévastatrices des tensions psychologiques, de la perte de confiance, de la peur, de la surdité, de la pensée binaire, ou de l'« anecdotisme » essentialiste qui nous sert de preuve indiscutable et définitive pour rejeter ou condamner. À contre-courant de ces phénomènes (qui touchent tous les acteurs de la même façon), nous avons besoin d'une démarche éducative s'appuyant sur une pédagogie qui tienne compte de l'état psychologique des femmes et des hommes sans les culpabiliser (ni les stigmatiser). Une telle démarche s'efforce d'expliquer, de nuancer et de réfléchir en miroir. À l'évolution de la peur et du doute il faut répondre par une révolution de confiance, en soi et en l'autre ; à la surdité et au rejet émotif il faut répondre par l'empathie intellectuelle qui oblige à mettre à distance ses émotions négatives et à en faire la critique constructive. C'est une démarche longue, exigeante, dialectique et forcément de terrain. Elle ne peut se réaliser que dans la proximité, et exigera au moins une cinquantaine d'années d'accoutumance. C'est long… et pourtant si peu sur l'échelle de l'histoire.

5

Rapides évolutions, silencieuses révolutions

Les problèmes du moment peuvent parfois nous faire perdre de vue la perspective historique, et nous faire sombrer dans un pessimisme pourtant peu justifié. En moins de deux générations, on a pu observer des évolutions extraordinairement rapides dans la pensée comme dans la compréhension que les musulmans avaient de l'environnement occidental et européen. Toutefois, rien n'était facile car, comme je l'ai dit, les premières générations étaient souvent soit naturellement isolées vis-à-vis d'un environnement peu connu (comme aux États-Unis ou au Canada), soit très modestes sur le plan du statut social et de l'éducation (Europe et Australie), et, surtout, elles apportaient avec elles une somme de confusions dont il n'était pas facile de se départir.

La première attitude naturelle était de considérer les pays occidentaux comme des terres étrangères où il fallait vivre en qualité d'étrangers. La compréhension du sens et des fondements de la sécularisation reposait de surcroît sur un malentendu historique : pour les Africains du Nord, les Arabes du Moyen-Orient, les Asiatiques et les Turcs, la sécularisation était synonyme d'un système importé, imposé par les colonisateurs ou appliqué par le chef de l'État, à l'image de Kemal Atatürk, Habib Bourguiba, Hafiz al-Asad ou Saddam Hussein, à la faveur de politiques dictatoriales. La sécularisation et la laïcité ont été surtout perçues comme des processus de « désislamisation », d'opposition à la religion[1], avec leur lot de mesures répressives. Il était historiquement et factuellement impossible d'associer le « sécularisme » ou la « laïcité » avec la liberté et la démocratisation. En arrivant en Occident, les premières générations portaient en elles (et souvent portent encore) ces perceptions et ce passif négatif.

1. Une des traductions arabes de la sécularisation est « *al-lâdîniyya* » : le système areligieux ou sans religion.

À cela s'ajoute une confusion de taille entre le donné culturel et la référence religieuse : pour beaucoup, être et rester musulmans signifiait être musulmans comme ils l'avaient été au Maroc, en Algérie, en Égypte, au Liban, au Pakistan ou en Turquie. Il s'agissait donc d'abord d'être un musulman marocain, algérien, égyptien, libanais, pakistanais ou turc en Occident, et non pas un musulman en Occident, et encore moins un musulman occidental. Pour beaucoup, notamment parmi les Arabes, les Turcs et les Africains, il ne pouvait être question de prendre la nationalité du pays d'accueil puisqu'un jour ils retourneraient « chez eux ». Certains savants musulmans (*'ulamâ*) confirmaient ces appréhensions en affirmant que la résidence en Occident n'était permise qu'en cas de nécessité, qu'il s'agissait là d'une tolérance légale (*rukhsa*) et qu'il était exclu de rester dans des pays où il était permis de boire de l'alcool et où la morale religieuse n'était guère respectée.

En moins de deux générations, la compréhension a bien changé. Le discours musulman très majoritaire aujourd'hui revendique sa présence en Occident et en Europe. De même, le rapport à la sécularisation et à la laïcité a été revu après que les savants, les intellectuels et les leaders ont compris (en étudiant les principes de la sécularisation) que la séparation de l'Église et de l'État ne consistait pas à faire disparaître les religions, mais plutôt à réguler égalitairement leur présence dans l'espace public pluriel (et plus ou moins neutre). Les jeunes n'ont plus de problème de conscience à adopter la nationalité d'un pays occidental, à se présenter comme des citoyens engagés et participant à la vie sociale, politique et culturelle de leur pays. Ils sont des millions à respecter paisiblement et quotidiennement les lois alors que l'on semble être obsédé, dans les médias et le public, par un problème intrinsèque à l'islam, à cause des quelques littéralistes ou extrémistes (violents ou non) qui disent ne pas reconnaître les lois occidentales. Une réflexion critique a été entamée vis-à-vis des cultures d'origine (arabes, asiatiques ou turques) qui ne sont pas toujours très respectueuses des principes fondamentaux de l'islam : les habitudes discutables, les réflexes patriarcaux, le non-respect du droit des femmes, les pratiques traditionnelles faussement associées à la religion (excisions, mariages forcés, etc.) ont fait l'objet de révision.

Il reste bien sûr des problèmes, et les nouveaux migrants ne cessent (et ne cesseront) de faire ressurgir d'anciennes questions que les musulmans présents depuis plus longtemps ont déjà dépassées[1]. Il est vrai également que tous les pays ne sont pas au même niveau d'évolution : les musulmans français, britanniques et américains justifient d'une présence moins longue, mais avec des membres plus formés. Ils ont une plus longue expérience des sociétés occidentales, et sont bien en avance quant à la réflexion et aux activités menées. Il faut cependant remarquer que le processus s'accélère et que les autres communautés musulmanes à travers l'Occident tirent profit de ces acquis, et vont désormais plus vite dans l'élaboration de leur compréhension des réalités européennes. Le rôle de certains dirigeants convertis à l'islam est également déterminant dans cette évolution[2]. On parle aujourd'hui du fait d'être

1. Une politique intelligente consisterait à solliciter les citoyens musulmans depuis longtemps installés en Occident, afin d'aider les nouveaux migrants en butte à des problèmes de conscience et de conflit culturel. Or, aujourd'hui, les discours politiques qui instrumentalisent la peur font exactement le contraire : ils utilisent dangereusement les difficultés et certaines anecdotes choquantes concernant les nouveaux immigrants, pour jeter la suspicion sur tous les musulmans, citoyens comme nouveaux immigrés.
2. Ce n'est pas toujours le cas : certains convertis, au lieu de tirer parti de leur connaissance de la société, se placent dans une position d'automarginalisation et d'autoségrégation et deviennent des étrangers dans leur propre société.

musulman en Occident et, de plus en plus, on se définit comme un musulman occidental ou européen, ou encore comme un Occidental ou un Européen musulman. Sur le terrain, les activités sont de plus en plus ouvertes sur la société, et de nombreux savants et leaders, femmes ou hommes, établissent localement et nationalement des ponts avec leurs concitoyens et les autorités politiques. Il s'agit bel et bien d'une révolution silencieuse qui n'intéresse pas directement les médias, car elle se fait dans le temps plus long des générations. Mais, encore une fois, à l'aune du temps historique des mouvements de populations, ces évolutions sont révolutionnaires et phénoménales. On n'en a pas encore pris toute la mesure et il est certain qu'aujourd'hui, comme je l'écrivais déjà en 1999 dans mon ouvrage *Être msulman européen*, puis en 2003 dans *Les Musulmans d'Occident et l'Avenir de l'islam*[1], l'expérience européenne et occidentale a déjà, et va avoir encore davantage, un impact très important sur l'islam mondial et sur les sociétés majoritairement musulmanes.

Il faut relever ici un réveil de la spiritualité et de la quête de sens parmi les Occidentaux musulmans. L'islam est tellement perçu comme

---

1. Actes Sud, 2003.

un problème aujourd'hui que les intellectuels musulmans sont souvent invités à expliquer ce que l'islam n'est *pas* à la lumière des défis rencontrés. Or, pour la majorité des consciences et des cœurs musulmans, l'islam est d'abord une réponse qui fait écho à une quête de sens au cœur des sociétés riches et industrialisées. On n'en parle presque jamais, et pourtant il s'agit là de l'essence du fait religieux : des millions de musulmanes et de musulmans vivent l'expérience religieuse comme une initiation spirituelle, une réconciliation avec le sens, une recherche de libération de l'être dans un monde global de l'apparence, de l'avoir et de la consommation excessive. Être un Occidental musulman, c'est aussi vivre la tension spirituelle d'une foi appelant à libérer l'être d'un quotidien qui semble la contredire et l'emprisonner. Une expérience également difficile pour le bouddhiste, l'hindou, le juif, le chrétien... Une expérience difficile pour tout être humain qui désire rester libre, avec ses valeurs, et qui aimerait également offrir à ses enfants les instruments de leur liberté. Il serait bon, au cœur de tous ces débats, de ne pas négliger cette dimension religieuse, spirituelle et philosophique essentielle.

6

Identités multiples : d'abord européen, américain, australien ou musulman ?

Mondialisation, migrations, exils, changements politiques et sociaux de plus en plus rapides, tous ces phénomènes provoquent des peurs, des angoisses et des crispations. Les anciens repères semblent caducs et ne suffisent plus à apporter la sérénité : qui sommes-nous au cœur de ces bouleversements ? La question de l'identité est née de ces troubles profonds. Quand tant de gens autour de nous, dans notre propre société, ne nous ressemblent plus et paraissent si différents, on ressent naturellement le besoin de se définir. De la même façon, l'expérience du déracinement, de l'exil économique ou politique, pousse cette quête de l'identité au cœur d'un environnement qui n'est pas naturellement le nôtre. La réaction est compréhensible, mais ce qu'il importe de retenir ici est qu'il s'agit d'abord d'une *ré*-action à une présence ou à un environnement qui nous semblent étrangers. On définit ainsi son identité en réaction, par différenciation, en opposition à ce qui n'est pas soi, voire « contre » l'autre. Le processus est naturel, et il est tout aussi naturel que la démarche se traduise sur le mode binaire, et finisse par opposer « une identité » plus ou moins construite à une autre que l'on projette sur « l'autre » ou sur « la société ». Les identités ainsi définies, les identités réactives, sont, par essence, en vertu même de la nécessité qui les a fait naître, uniques et exclusives : il s'agit de savoir qui l'on est et, clairement, qui l'on n'est pas.

Cette attitude est naturelle et, encore une fois, compréhensible en période de bouleversements rapides, mais elle est malsaine et dangereuse. Pour clarifier, on simplifie et surtout on réduit. On attend de soi et de ses concitoyens qu'ils répondent clairement : il faut donc être d'abord « américain », « australien », « néo-zélandais », « italien », « français », « britannique », « hollandais », etc. Ou alors prioritairement « juif », « chrétien » ou « musulman » : toute réponse qui apporte un brin de nuance à cette définition exclusive de soi tend à être perçue comme ambiguë. Plus fondamentalement, elle jette le doute sur la loyauté des individus, et c'est particulièrement le cas des musulmans aujourd'hui, sommés de dire s'ils sont d'abord « musulmans », ou « américains », « canadiens », « australiens », « français », « italiens », « britanniques » ou autre. Cette question est explicitement orientée vers la définition qu'ils vont donner de leur identité, alors qu'implicitement, et plus sérieusement, elle s'intéresse à la loyauté. De la même manière qu'on ne peut avoir qu'une identité, on ne peut avoir qu'une loyauté. Il faut répondre, clairement et sans nuance… sans ambiguïté !

Or, la question n'a pas de sens ! Obsédé par l'idée de se définir par opposition à ce qui n'est pas soi, on finit par réduire son être à une seule identité qui serait censée tout dire de soi. Pourtant, il existe des ordres différents dans lesquels il va falloir se définir différemment. La question de savoir si l'on est d'abord « musulman », ou « américain », « australien », « italien », « français » ou « canadien » oppose deux identités et deux appartenances qui ne sont pas du même ordre. Dans l'ordre religieux et philosophique, celui qui donne sens à la vie, l'être humain est d'abord athée, bouddhiste, juif, chrétien et musulman : son passeport, sa nationalité ne répondent pas à la question existentielle. Quand il faut voter pour un candidat, l'individu a une identité citoyenne, et il est d'abord un Américain, un Italien, un Français ou un Britannique s'engageant dans les affaires de son pays. Selon l'ordre ou le champ d'activité, l'individu a donc d'abord telle ou telle identité, sans que cela soit contradictoire.

En m'écoutant un jour en Grèce, à l'invitation de Georges Papandréou, l'économiste Amartya Sen avait signifié son total accord avec ma pensée en l'illustrant d'une belle façon. Supposez, avait-il proposé, que vous soyez poète et végétarien : si vous êtes invité à manger, ce n'est ni le moment ni le lieu de décliner votre identité de poète, et si, par ailleurs, vous assistez à un cercle de poésie, vous n'allez pas vous présenter comme « végétarien », sauf à passer pour un original déphasé. En d'autres termes, vous avez plus d'une identité, et vous donnez la priorité à l'une ou l'autre de ces identités en fonction de l'environnement et de la situation, sans que cela remette en cause votre loyauté à l'un ou l'autre des ordres d'appartenance. Celui qui s'affiche végétarien lors d'un repas n'en est pas moins poète ! La démonstration est édifiante et prouve que la question de savoir si l'on est d'abord ceci ou cela (ou exclusivement ceci ou cela) est une mauvaise question dont il faut interroger le sens et à laquelle, au fond, il faut refuser de répondre.

Il convient de résister à la tentation de réduire son identité à une dimension exclusive et prioritaire qui se distinguerait de toutes les autres. On comprend que cela puisse être rassurant, mais c'est surtout appauvrissant et, en temps de crise et de tension, cela peut engendrer rejets, racisme et conflits d'identités, de cultures ou de « civilisations » larvés ou passionnés. Il faut accéder à une vue plus ample de soi et de ses concitoyens : chacun de nous a de multiples identités qu'il doit accepter, nourrir et enrichir. Depuis longtemps, je répète aux musulmans et à mes concitoyens que je suis suisse de nationalité, égyptien de mémoire, musulman de religion, européen de culture, universaliste de principe, marocain et mauricien d'adoption. Il n'y a là aucun problème : je vis avec ces identités et l'une ou l'autre peut devenir prioritaire selon le contexte et la situation. Il faut même ajouter d'autres dimensions à ces identités : le fait d'être un homme, d'avoir un certain statut social, une profession, etc. Nos identités sont multiples et toujours en mouvement[1].

---

1. C'est ce que j'exprimais et analysais dans l'ouvrage *Être musulman européen* en parlant d'une identité musulmane, toujours ouverte, toujours inclusive, toujours en mouvement.

Accéder à cette conscience de la multiplicité mouvante des identités personnelles suppose que l'on acquière une certaine confiance en soi et en autrui. Encore une fois, nous touchons ici à un registre plus psychologique que strictement philosophique et religieux. Ce travail sur soi, sur la multiplicité de ses appartenances et sur la capacité de décentrage vis-à-vis de l'autre, exige une connaissance de soi et d'autrui qui se confronte à l'exercice de la vie quotidienne : l'enjeu est important. Seule une véritable pédagogie, appliquée et critique, permettant aux individus de se réconcilier avec les diverses dimensions de leur être, peut les aider à dépasser les tentations frileuses, réactives et passionnées lors de la rencontre avec l'autre. L'initiation naturelle passe par la rencontre, au quotidien justement, autour de projets culturels ou sociaux, rencontre qui brise les enfermements et ouvre les horizons. Ce n'est que dans ce vécu, dans cette éducation par l'expérimentation, l'expérience et le dialogue, que l'on peut se faire confiance et faire confiance, et mesurer ainsi la loyauté de l'autre. Au demeurant, il ne s'agit jamais d'exprimer une loyauté aveugle ou d'avoir à prouver sa loyauté. Dans la confiance, on comprend que les seules vraies loyautés sont critiques : avec son gouvernement, avec ses coreligionnaires ou avec la *umma*, il ne s'agit jamais de soutenir « les siens », aveuglément, contre tous « les autres ». Il s'agit d'être fidèle à des principes de justice, de dignité, d'égalité, et d'être capable de critiquer et de manifester contre son gouvernement quand celui-ci se lance dans une guerre injuste, quand il légitime l'apartheid ou traite avec les pires dictateurs. Il s'agit de la même façon d'avoir une loyauté critique vis-à-vis de ses propres coreligionnaires musulmans (ou autres) et de s'opposer à leurs idées ou à leurs actions quand celles-ci trahissent ces mêmes principes, stigmatisent l'autre, engendrent le racisme, justifient les dictatures, les attentats terroristes ou le meurtre d'innocents. Cette question ne relève pas du conflit des identités, mais de la cohérence de la conscience qui marie ces dernières autour d'un corps de principes dont l'usage, pour être juste, ne peut être sélectif et doit demeurer critique autant qu'autocritique.

Il est bon d'être patriote, de se sentir appartenir à une société, à une nation ou à une communauté de foi, mais cela ne peut justifier le nationalisme chauvin et aveugle, l'affirmation de l'exception ou de l'élection nationale et/ou religieuse, ou encore le dogmatisme religieux exclusif qui défend ses coreligionnaires dans n'importe quelles circonstances. Les attitudes les plus respectables sont celles d'individus qui ont osé se lever contre les leurs au nom de la dignité et de la justice : celles et ceux qui, pendant la Seconde Guerre mondiale, ont refusé de livrer des juifs (ou de les renvoyer à la frontière) quand leur gouvernement le leur imposait ; qui ont refusé d'aller combattre au Vietnam et qui en ont payé le prix par la prison ; qui ont résisté aux lois iniques de l'apartheid, et ce au prix de leur vie ; qui se sont opposés à l'instrumentalisation de la religion pour produire des systèmes autocratiques très islamiques (comme en Arabie saoudite) ou qui se sont opposés à l'instrumentalisation de sa prétendue modernisation pour justifier des dictatures « en phase avec la modernité » (comme en Tunisie) ; qui, enfin, ont condamné les attentats perpétrés au nom de leur religion contre des innocents.

7

L'ISLAM OCCIDENTAL : RELIGION OU CULTURE

De nombreux musulmans – des *'ulamâ* autant que des simples croyants – se sont opposés à l'idée qu'il puisse y avoir un « islam occidental » ou un « islam européen » différent de l'« islam » un et unique. Ils voyaient derrière cette appellation une tentative de division, de dénaturation, voire de réforme dangereuse. Dans d'autres milieux, des sociologues affirmaient qu'il n'y avait pas « un islam », mais « des islams » très différents selon les interprétations ou les sociétés, et qu'il fallait aborder cette diversité de façon circonstanciée. Face à ces deux approches tout à fait contradictoires, ma position fut de présenter les choses de l'intérieur et d'appréhender ainsi l'unité et la diversité de l'univers islamique. Sur le plan du credo, des piliers de la foi (*'aqîda*) et de la pratique (*'ibadât*), l'islam est un et réunit l'ensemble des traditions (sunnite et chiite) sur la base de la Révélation coranique et des traditions prophétiques (*Sunna*) qui fixent ce cadre et ces principes communs. De l'Est à l'Ouest, du Nord au Sud, les musulmans se reconnaissent dans ces sources scripturaires, ces fondements et ces pratiques, et c'est cela qui nourrit partout, et de façon palpable et visible, la « communauté de foi » que l'on appelle la *umma*[1].

---

1. L'appartenance à la *umma*, à la communauté spirituelle ou à « la communauté de foi », est soumise aux mêmes conditions mentionnées plus haut. Comme je l'ai rappelé dans *Être musulman européen*, il s'agit de respecter les principes et les contrats : ainsi, les musulmans sont strictement liés par les lois des pays dans lesquels ils vivent en Occident et ils se doivent, par ailleurs, d'être critiques et autocritiques vis-à-vis de leurs coreligionnaires (comme de tous les hommes et toutes les sociétés). Si ces derniers promeuvent la justice, ils les soutiennent ; s'ils sont injustes, ils leur résistent. Les musulmans appartiennent à « une communauté spirituelle » fondée sur des principes, et si la communauté ou des membres de la communauté trahissent ces principes, alors ils ont le devoir de les arrêter, voire de s'opposer à eux. Le Prophète de l'islam dit un jour : « Aide ton frère qu'il soit juste ou injuste ! » Ses compagnons ne pouvaient pas manquer de s'interroger sur la nature du soutien à offrir au frère injuste : comment cela pouvait-il être ?! Et le Prophète ajouta, en renversant la perspective : « Empêche-le [le frère injuste] d'accomplir son injustice, ce sera ton soutien à son égard ! » (Hadîth rapporté par al-Bukhârî)

Cela étant, la diversité est indéniable, et elle opère principalement à deux niveaux. Il existe d'abord une diversité de lectures et d'interprétations expliquant les différentes traditions, tendances, et les diverses écoles de droit (on en a compté près d'une trentaine à certaines époques). Cette diversité a toujours existé et, selon les différences, elle a plus ou moins été acceptée (parfois avec difficulté, notamment entre sunnites et chiites) par les savants et les simples musulmans. L'autre niveau de diversité est de nature culturelle : les principes de l'islam, en matière d'affaires sociales (*mu'âmalât*), ont toujours été très inclusifs du point de vue des cultures et des traditions (en reconnaissant *al-'urf*, la coutume saine établie avant l'islam) : les musulmans d'Afrique ou d'Asie ont gardé en grande partie leur mode de vie et leurs habitudes tout en respectant le credo, les pratiques et les principes communs à tous les musulmans. Il s'est agi pour eux d'être simplement sélectifs et de préserver ce qui ne s'opposait pas à un des principes de leur foi : il en est ainsi depuis des siècles et c'est ce qui explique les différences notables, dans les mentalités et les modes de vie, entre les musulmans arabes, africains, turcs ou asiatiques. Ainsi, nous avons une religion, un islam, diverses interprétations et plusieurs cultures.

Ce qui s'est passé ailleurs dans le passé, et qui se déroule toujours sous nos yeux en Occident, ce que nous appelons l'islam occidental et européen, est exactement de cette nature : un islam qui respecte le credo, les pratiques et les principes communs, et qui fait siennes les différentes cultures occidentales et européennes. Nous assistons en effet à la naissance d'une culture islamique occidentale au cœur de laquelle musulmanes et musulmans restent fidèles aux principes religieux fondamentaux tout en assumant leur culture occidentale. Ils sont à la fois pleinement musulmans quant à la religion, et pleinement occidentaux quant à la culture, et cela ne pose aucun problème. Il ne s'agit donc pas de créer un nouvel islam, mais de réconcilier l'islam avec son dynamisme, sa créativité et sa confiance originels. Ces qualités permettaient aux fidèles d'observer et d'intégrer positivement tout ce que les cultures qu'ils rencontraient avaient produit de bon et de bien, et de rester critiques et sélectifs quand celles-ci pouvaient produire des enfermements et des comportements discutables, voire des discriminations systématisées. Toutes les cultures, arabes, asiatiques ou occidentales, exigent un esprit critique et autocritique à même d'évaluer les habitudes à l'aune des principes, parce qu'il est courant que les habitudes érodent ou fassent perdre de vue les principes. Il s'agit donc d'être ouverts et critiques à la fois : en restant curieux et en quête du beau et du bien, et toujours consciencieusement éveillé dans l'évaluation du négatif et de l'injuste.

Pour parvenir à cet objectif, les musulmans d'Occident et d'Europe doivent opérer un double travail de déconstruction et de reconstruction. Il faut d'abord s'attacher à distinguer ce qui est religieux de ce qui est culturel dans la façon dont ils conçoivent l'islam alors qu'ils viennent du Pakistan, de Turquie ou des pays arabes. Il n'est pas de foi ni de religion sans culture, ni de cultures sans un substrat religieux, mais la religion n'est pas la culture : l'opération de distinction n'est pas aisée, mais c'est l'exil qui rend cette différenciation nécessaire, difficile et, à terme – paradoxalement –, de plus en plus aisée. La première attitude des migrants est bien sûr de se recroqueviller sur leur religion, leur culture et leur communauté, afin de se protéger de l'environnement étranger. Ils s'accrochent aux modes de vie de leur pays d'origine en confondant souvent religion, culture et traditions. La deuxième génération puis les suivantes ne peuvent se satisfaire de cette attitude, et elles finissent toujours (étant de surcroît plus éduquées) par questionner certains traits culturels du pays d'origine, alors qu'elles s'imprègnent naturellement de la langue et de la culture du pays dans lequel elles vivent. Cette période de transition est une période de crise naturelle entre les générations, mais également avec la société environnante : il s'agit de se départir des habitudes culturelles de ses parents, perçues comme problématiques et pas toujours islamiques, et de faire siens les éléments positifs des cultures occidentales, le tout en restant fidèle aux principes de l'islam. Dans les pays les plus avancés historiquement quant à la présence musulmane, cette transition est déjà bien engagée et l'étape de l'intégration culturelle est déjà dépassée : les jeunes sont culturellement des Français, des Britanniques, des Américains ou des Canadiens. Dans les autres pays, le processus va en s'accélérant et l'on rencontre partout de plus en plus de femmes et d'hommes qui se définissent comme Occidentaux musulmans sans que cela leur pose problème.

L'islam occidental est aujourd'hui une réalité : des femmes et des hommes ont comme première langue l'anglais, le français, l'allemand ou l'italien, ils sont imprégnés des différentes cultures occidentales, et malgré l'image négative véhiculée par certains médias, courants politiques ou lobbies, ils se sentent chez eux en Amérique, en Australie ou en Europe, désirent y construire leur avenir et y éduquer leurs enfants. Le nombre croissant de convertis – qui, hier, s'« arabisaient » ou se « pakistanisaient » pour se sentir plus musulmans –, est devenu aujourd'hui un vecteur plus positif de l'acculturation des musulmans, puisque ceux-ci prennent des responsabilités et assument de plus en plus leur héritage occidental et européen.

Le processus est en marche : l'islam est désormais une religion occidentale, européenne, à la lumière de l'histoire, des faits, du nombre autant que de la culture. Le phénomène, patent en Amérique, en Grande-Bretagne et en France, ne saurait manquer de se généraliser partout en Occident, y compris dans les pays qui ont accueilli les musulmans plus récemment. Même s'il y aura toujours de nouveaux immigrés musulmans, la question de l'islam doit dorénavant être distinguée du phénomène de l'immigration. Il s'agit désormais d'une question européenne et occidentale.

8

Les musulmans « culturels », les réformistes, les littéralistes, etc.

La plupart des Occidentaux musulmans ne sont pas des pratiquants réguliers et n'éprouvent pas de problèmes « religieux » particuliers dans leur vie quotidienne. Beaucoup se disent croyants, ne boivent pas d'alcool, ne mangent pas de porc, font le ramadan, par foi ou tradition familiale (et/ou culturelle), mais ils n'ont pas de pratiques régulières et ne fréquentent que rarement les mosquées. D'autres se disent également croyants mais ne respectent pas les obligations et les interdits de la religion, ils peuvent boire de l'alcool et vivre sans sensibilité religieuse particulière (si ce n'est, encore une fois, pendant le ramadan ou même en réaction ponctuelle à ce qu'ils peuvent ressentir comme des attaques et des agressions dans les médias ou de la part de certains partis politiques). D'autres enfin, une petite minorité, se définissent comme des musulmans athées, agnostiques ou seulement « culturels » (voire se présentent comme des « ex-musulmans ») et n'ont ni ne revendiquent aucune sensibilité religieuse à proprement parler. Ces trois catégories, il faut le rappeler (et notamment les deux premières) représentent la majorité (de 75 à 80 % selon les origines et les lieux) de ce que l'on définit et dénombre comme « musulmans » dans les sociétés occidentales. Ces femmes et ces hommes n'ont aucun problème « religieux » avec l'Occident : hormis leur teint de peau, leur origine et leur nom, ils n'ont aucune « visibilité religieuse » (ni aucune revendication), excepté celle que la société alentour leur fait porter, à leur insu, par assimilation ou par projection. S'ils s'engagent dans la société ou en politique, qu'ils le veuillent ou non, ils restent perçus comme « musulmans », même s'ils ne l'affichent pas et n'ont aucune envie d'être définis comme tels.

Dans les 20-25 % de musulmans restants (celles et ceux qui sont plus régulièrement pratiquants, vont à la mosquée, prient quotidiennement ou une fois par semaine, jeûnent et peuvent parfois s'engager dans des organisations islamiques), le courant réformiste est nettement majoritaire dès la deuxième génération. Certains peuvent bien encore tenir des propos traditionalistes, il n'en demeure pas moins que, dans la pratique, la plupart des *'ulamâ*, des leaders et des musulmans ordinaires admettent explicitement, ou en silence, qu'il faut prendre en compte le contexte européen et réfléchir à des solutions adéquates pour faire face aux nouveaux défis. Il s'agit, pour ces croyants et ces pratiquants, de trouver le moyen d'être fidèles aux principes islamiques tout en faisant face aux réalités mouvantes et nouvelles des sociétés occidentales. Il est ici question de revenir aux sources scripturaires, de faire la critique des lectures littéralistes qui agissent par réduction, ou des lectures « culturelles » qui opèrent par projection, et de s'engager dans de nouvelles interprétations à la lumière du contexte actuel. Certes, les principes fondamentaux (*'aqîda*) et les pratiques rituelles (*'ibadât*) ne changent pas, mais il importe de s'engager dans des lectures et des raisonnements critiques (*ijtihâd*) pour trouver les voies d'une fidélité qui ne soit pas aveugle aux évolutions du temps ni à la diversité des sociétés. Pour les réformistes, la fidélité à la pratique, aux prescriptions et aux interdits est fondamentale, mais il n'existe pas de fidélité sans évolution[1].

Depuis près de vingt-cinq ans, je participe à ce mouvement qui constitue le courant dominant parmi les musulmans revendiquant une appartenance et une sensibilité religieuses associées à une pratique régulière. L'interprétation des Textes, la compréhension du contexte occidental, les discours, les positionnements quant aux débats religieux, culturels et sociétaux ont évolué de façon phénoménale au cours d'une génération. Les *'ulamâ* et leurs conseils, les intellectuels, les leaders associatifs et les simples musulmans ont opéré une véritable révolution intellectuelle : on ne s'en rend pas toujours compte en Occident, car le temps long du changement de mentalités est

1. Sur le plan de la terminologie plus savante et plus spécialisée, ce réformisme se définit comme « *salafî* », au sens où ses promoteurs veulent revenir à la fidélité des premières générations de musulmans (les *salaf*) en retrouvant l'énergie, la créativité et l'audace des premiers savants qui n'hésitaient pas à proposer de nouvelles approches vis-à-vis des nouveaux contextes. Cela n'a rien à voir avec les courants « *salafî* » littéralistes qui utilisent la même référence aux « *salaf* », mais pour revenir à des interprétations littérales et figées du passé. Les premiers conçoivent la fidélité dans le mouvement (puisque les temps et les sociétés changent) alors que les seconds la conçoivent en figeant le Texte au-delà des époques et des environnements.

invisible au temps immédiat de la couverture médiatique (ou au temps court des enjeux politiques), et pourtant les avancées sont réelles et très positives. Les acquis, comme nous le verrons, sont très importants et porteurs de grandes espérances, même si le processus doit se poursuivre encore pour aller au-delà d'une pensée réformiste se contentant de s'adapter à l'air du temps (mais qui reste incapable de devenir une force de transformation et de contribution à la réflexion intellectuelle, scientifique et éthique dont notre monde a besoin). C'est d'ailleurs en ce sens que j'appelle à une « réforme radicale », plus profonde encore, car elle nous impose de reconsidérer les sources mêmes des fondements du droit et de la jurisprudence islamique (*usûl al-fiqh*), et non plus seulement les adaptations circonstanciées du droit et de la jurisprudence (*fiqh*). Il faut se donner les moyens de passer d'une « réforme de l'adaptation » à « une réforme de la transformation » et de la contribution[1].

Il existe néanmoins des courants littéralistes, appelés « *salafî* » (et faussement « wahhabites »), qui ont une approche totalement différente vis-à-vis du

1. C'est l'objet de mon ouvrage, *Islam, la Réforme radicale* (Presses du Châtelet, 2008), qui traite de cette évolution impérative de l'intelligence musulmane contemporaine.

contexte occidental. Ils considèrent qu'il faut revenir à la lettre des sources scripturaires (le Coran et la sunna) et qu'il faut s'éloigner de la société occidentale qui se présente comme « sans religion » et « sans morale ». Les savants et les leaders de ces courants minoritaires ne sont, de loin, pas des esprits superficiels et peu éduqués : le penser serait une profonde erreur de jugement. C'est leur tournure d'esprit, une certaine vision des réalités, qui déterminent chez eux une façon d'interpréter les Textes et le monde : ce qui ressort est toujours – quel que sophistiqué que soit leur esprit – le mode binaire du bien et du mal, « nous » et « eux », « savants » et « ignorants », l'islam et les autres, etc. Cela produit un rapport au réel autant dogmatique que formaliste et détermine une certaine façon d'être musulman aujourd'hui : lecture littéraliste et stricte des Textes, insistance sur le savoir « islamique » qui édifie, par opposition aux autres savoirs « inutiles », isolement vis-à-vis du monde qui se perd et notamment de l'Occident, et, très souvent, respect « littéral » et aveugle des autorités islamiques en place, etc. Ces courants existent en Occident et ils sont marginaux, même s'ils sont capables d'attirer (le plus souvent momentanément) des jeunes traversant des crises et pour lesquels leur approche est sécurisante. L'image négative véhiculée par les médias, le sentiment de rejet ou la marginalisation sociale ont aussi, parfois, poussé certains d'entre eux vers ces mouvements à la fois protecteurs et permettant de construire une image ô combien plus assurée de soi et de son appartenance.

Pour ces courants littéralistes comme d'ailleurs pour les traditionalistes (qui suivent strictement une école de droit ou un mouvement ritualiste, à l'instar des *tablîghî*), les réformistes vont trop loin et sont parfois « sortis de l'islam ». Les débats et les rejets internes sont continus, souvent passionnés et violents. En Occident comme en Asie, en Afrique ou à l'île Maurice, dans certains pays majoritairement musulmans ou sur le Net, j'ai par exemple maintes fois été traité de « *kâfir* » (négateur, infidèle), de « *murtad* » (apostat) ou d'imposteur voulant dénaturer et détruire l'islam de l'intérieur. C'est le lot d'un grand nombre de réformistes (ironiquement considérés comme « fondamentalistes » par certains milieux occidentaux). On trouve également d'autres tendances plus sectaires et/ou plus politisées, mais elles sont tout à fait marginales, même si certaines déclarations publiques les mettent en avant sur la scène médiatique. L'illusion d'optique médiatique ne doit pas nous tromper : les groupes ou groupuscules islamiques qui font le plus parler d'eux, qui tiennent les propos les plus incendiaires et les plus violents, représentent la marge de la marge de la communauté musulmane qui, elle, ne se reconnaît pas en eux.

Il faut indiquer la présence importante, discrète et souvent multiforme des cercles *sûfî*. Certains sont *sûfî* tout en étant engagés dans des associations islamiques, d'autres suivent strictement les prescriptions islamiques et les exigences de la mystique mais sans s'afficher, d'autres enfin ont un rapport très libre avec l'islam et même avec la tradition *sûfî* elle-même puisque les pratiques et les règles sont très flexibles, voire simplement inexistantes. Cette dimension de l'islam est importante et les cercles *sûfî* peuvent jouer des rôles actifs et très contradictoires dans les sociétés occidentales – ce fut d'ailleurs le cas dans les anciennes colonies ou encore aujourd'hui dans certaines sociétés majoritairement musulmanes. Soit ils se présentent, sur le plan interne, en gardiens rigoureux de la substance spirituelle du message islamique, soit ils se contentent de revendiquer leur autonomie vis-à-vis des autorités, soit, au contraire, ils sont instrumentalisés (volontairement ou non) par les pouvoirs afin de présenter une certaine image de l'« autre » islam « modéré », « libre » ou même « sécularisé ». Ce qui, en soi, ne veut strictement rien dire.

9

Les acquis

Pour les musulmans croyants et pratiquants qui auraient pu faire face à des difficultés pour concilier les prescriptions et les interdits de leur religion avec la vie dans les sociétés occidentales, l'évolution de la pensée et des mentalités a été rapide et impressionnante si l'on prend sérieusement le temps d'évaluer le chemin parcouru. Sur le plan théorique autant que pratique, on peut dénombrer un certain nombre de principes établis qui sont autant d'acquis pour aujourd'hui et pour l'avenir.

Il s'est agi d'abord de remettre en cause la traditionnelle et ancienne catégorisation binaire du monde qui séparait « la maison de l'islam » (*dâr al-islâm*) de « la maison de la guerre » (*dâr al-harb*). À l'exception de quelques groupes littéralistes, traditionalistes ou politisés, plus aucun savant de référence ni aucune organisation de poids n'utilise ces concepts. On parle désormais de « maison du contrat » (*dâr al-'ahd* ou *dâr al-'aqd*), de « maison de la paix » (*dâr al-sulh*), ou encore de « maison de la prédication » (*dâr ad-da'wa*). J'ai proposé le concept de la « maison du témoignage » (*dâr ash-shahâda*) qui exprime l'idée selon laquelle les musulmans, comme d'ailleurs tous les êtres de foi et de conviction, sont appelés à essayer d'être « des témoins » de leur message et de leurs principes par leur présence et par la cohérence de leurs comportements avec lesdits principes. Cette appellation brise le rapport binaire et, au cœur de la mondialisation, elle nous réconcilie avec la dimension universelle de l'islam : c'est le monde entier qui est devenu une demeure, un espace de témoignage. Le témoin n'est plus un étranger dans le monde de l'autre, il n'est pas non plus lié à un contrat avec cet autre : il est chez lui, parmi les siens, et il essaie simplement d'être cohérent avec ce qu'il croit, de même qu'avec ceux avec qui il vit et construit l'avenir.

Il est clair désormais qu'à partir du moment où les deux droits fondamentaux (la liberté de conscience et la liberté de culte) sont reconnus et protégés, comme c'est le cas dans toutes les sociétés occidentales, les musulmans sont tenus de respecter la loi, et celle-ci est contraignante pour eux comme pour tous les autres citoyens et résidents. Les Occidentaux musulmans ont compris que la sécularisation et la laïcité, quand elles ne sont pas instrumentalisées par des idéologues, des courants intellectuels ou politiques contre la présence de la religion, assurent le pluralisme religieux dans les sociétés européennes et protègent leurs droits légitimes. Encore une fois, aucun savant musulman reconnu, ni aucune organisation islamique ayant une crédibilité, ne demande des lois spécifiques ou des traitements d'exception. À l'étude, on verra que cela nécessite l'application de la loi et, en son nom, un traitement juste et égalitaire entre les différentes religions. On a souvent présenté dans les médias, ou sur la scène politique, les revendications de certaines organisations musulmanes comme étant problématiques parce qu'elles réclameraient des droits spécifiques. Dans les faits, celles-ci n'ont souvent demandé que ce qui avait déjà été octroyé à d'autres (juifs, catholiques ou protestants) avant eux, mais les projections sur les intentions des musulmans sont telles et la controverse si rapidement lancée que la demande, par les citoyens musulmans, d'un traitement simplement égalitaire est vite traduite, par les médias et dans l'opinion publique, comme une exigence de traitement singulier[1].

Des efforts considérables ont été réalisés pour pousser les citoyens musulmans à faire des études et à s'investir de plus en plus dans la société. Dans les faits, leur nouvelle visibilité représente exactement le contraire de ce que l'on en dit généralement. Les primo-migrants étaient isolés et invisibles : on ne remarquait même pas leur présence. Avec l'apparition de la deuxième et de la troisième génération, les choses ont changé : voilà que les jeunes sont visibles partout, dans les rues, sur les campus, sur les lieux de travail, etc. La première réaction naturelle face à cette nouvelle visibilité est de l'identifier comme la présence d'une « communauté » apparemment différente, fermée et

1. J'ai pris position au Canada (et en Grande-Bretagne après les propos de l'archevêque de Canterbury) dans les débats qui concernaient, par exemple, les tribunaux religieux d'arbitrage et de conciliation que d'autres religions avaient obtenus et pratiquaient. Une polémique est apparue quand certains musulmans ont demandé d'obtenir les mêmes droits que les autres religions. Sur le plan strictement légal, les associations musulmanes qui revendiquaient cette égalité avaient raison, mais j'étais d'avis que les musulmans n'avaient en fait pas besoin de ces aménagements internes et qu'ils pouvaient trouver des solutions à l'intérieur du cadre légal existant.

isolée. Or, il s'agit exactement du contraire : la perception du public, des politiciens et des médias est en retard sur les faits et elle les incite à une interprétation tronquée. La nouvelle visibilité ne prouve pas qu'il existe une communauté isolée et fermée mais, au contraire, que les nouvelles générations, comme d'ailleurs les Afro-Américains aux États-Unis, s'ouvrent, sortent de leurs ghettos sociaux, culturels et religieux pour prendre leur place dans un espace et une société qu'ils considèrent à juste titre comme la leur. Cette réalité est un acquis de taille : sur les plans intellectuel, universitaire, professionnel, social, politique, culturel et même sportif, les citoyens de confession musulmane s'engagent. Ils le font de façon individuelle, en suivant leurs aspirations et leurs espoirs, et il n'existe nulle part quelque chose qui pourrait s'apparenter, sur le plan social ou politique, à une position commune et encore moins à une représentation de « la communauté » et de « ses intérêts ». Tout ce qui est dit à ce sujet tient du fantasme ou de l'instrumentalisation de la peur : dans les faits, les Américains, les Européens ou les Australiens musulmans s'engagent partout, individuellement, et ne se donnent pas pour vocation de « représenter » ou de « défendre la communauté musulmane ».

On constate également un processus d'institutionnalisation de la présence musulmane qui s'effectue dans plusieurs directions. Il a commencé naturellement avec la création des mosquées : premier acte de l'installation des musulmans dans un nouvel environnement. Puis on constate partout la création d'associations et d'organisations aux buts plus ou moins spécialisés : associations de jeunes, d'étudiants, de femmes, organisations d'activités culturelles et sportives. Dans un premier temps, les musulmans ont naturellement pensé à des structures exclusivement orientées vers la communauté religieuse. Il s'agissait de répondre aux besoins des musulmanes et des musulmans vivant dans un nouveau contexte. Dans certaines sociétés où le phénomène était établi et reconnu comme en Grande-Bretagne, en Hollande, en Scandinavie, aux États-Unis ou au Canada, les musulmans ont commencé à établir des écoles privées islamiques. Il s'agissait ici encore de répondre à deux nécessités : protéger les jeunes (la plupart du temps, les écoles étaient destinées aux filles) de l'environnement occidental et créer des écoles performantes qui ne soient pas des établissements de seconde classe comme c'est souvent le cas des écoles publiques dans les régions ou les cités où se concentrent les populations socialement marginalisées et/ou musulmanes[1]. Dans de nombreux pays, la réflexion a avancé afin d'établir des instituts de formations préacadémiques ou académiques, pour former des cadres, des imams ou encore des leaders ayant une connaissance solide en « théologie » et en droit islamique, en même temps qu'une compréhension du contexte. On

1. J'ai expliqué dans de nombreux livres et articles que ma position était d'encourager les citoyens musulmans à inscrire leurs enfants dans le système scolaire public où ces derniers vont apprendre à vivre avec leurs concitoyens de diverses origines et cultures. Les écoles privées, qui n'accueillent d'ailleurs que 2 ou 3 % des enfants musulmans, ne sont ni la panacée ni un choix d'avenir. Il faut s'engager, en tant que parents comme en tant qu'élèves, dans le système scolaire étatique. Il reste que ce dernier doit subir de profondes réformes car la mixité des statuts sociaux et des cultures est un leurre dans ce qui devrait être une école commune et égalitaire. Il existe des écoles publiques qui sont de véritables ghettos sociaux et culturels, et des inégalités de traitement à l'intérieur du système public sont simplement inacceptables. Si rien n'est fait dans ce domaine, il n'est pas étonnant que certains pensent à créer des structures autres, performantes exclusivement pour les musulmans puisque, de toute façon, c'est déjà le cas dans les écoles publiques de certaines régions ou quartiers (où entre 80 et 90 % des élèves sont « d'origine immigrée » ou « musulmans »). Avec, de plus, ce constat amer que le niveau de ces écoles est très faible et n'offre aucun espoir de succès aux enfants.

peut encore ajouter la création de petites et moyennes entreprises autour de l'édition de livres sur l'islam (nouveaux ou traduits), de commerces de la viande « *halâl* », ou plus largement de services répondant aux différentes attentes provenant de la communauté en termes de consommation. Sur plusieurs plans, on perçoit donc un phénomène d'institutionnalisation très important qui, lui aussi, s'accélère. Ce qui est également encourageant et positif est le mouvement parallèle d'ouverture vers des organisations extracommunautaires : associations de solidarité, structures sociales, partis politiques, etc. Les citoyens musulmans s'engagent aujourd'hui au-delà de leur « communauté » et développent un rapport tout à fait nouveau avec leur société : ils sont citoyens et expriment au quotidien un sentiment d'appartenance. Ce fait est palpable partout et il est important d'en prendre l'exacte mesure. L'impact de ce processus multidimensionnel sera déterminant dans et pour les années à venir.

Durant ces dernières années, j'ai rencontré des ministres, des secrétaires d'État et des fonctionnaires dans de nombreux pays occidentaux et j'ai partagé avec eux ces analyses et quelques opinions quant à la gestion des questions relatives à la présence musulmane. Je n'ai de cesse de répéter que les choses évoluent et qu'il faudra compter avec le temps. Néanmoins, des stratégies d'accompagnement peuvent être pensées par les gouvernements pour accélérer et faciliter ces processus d'installation, d'autant plus que les communautés musulmanes ne sont majoritairement pas riches (compte tenu de l'origine sociale de leurs membres, à l'exception de certains immigrés américains et canadiens). En toutes circonstances, et en respectant le cadre légal de la séparation des ordres (État/religion), les ministères doivent se contenter de *faciliter* les évolutions dans la confiance et non chercher à les *contrôler* en entretenant la méfiance. Toute démarche de contrôle entretiendra non seulement la suspicion et confirmera que les citoyens de confession musulmane ne sont pas traités comme les autres, mais, en sus, ne trouvera aucune crédibilité ni aucun soutien important à l'intérieur des communautés musulmanes.

10

Les défis

Les défis sont nombreux et, ici encore, multidimensionnels. Même si j'affirme, avec force et conviction, que la tendance réformiste est majoritaire en Occident à l'intérieur des communautés musulmanes et que la compréhension du contexte évolue très vite, il ne faut pas être naïfs ni béatement optimistes. Le premier défi majeur consiste à approfondir tant la connaissance de l'islam que celle des sociétés occidentales parmi les *'ulamâ*, les intellectuels, les leaders associatifs, les imams et plus largement les simples musulmanes et musulmans. Cela commence par une maîtrise de la terminologie : il est impératif de mieux définir et de diffuser une meilleure compréhension de concepts tels que « *fiqh* », « *ijtihâd* », « *fatwâ* », « *jihâd* », « *sharî'a* », ou encore « sécularisation », « laïcité », « citoyenneté », « principes démocratiques »,

« modèles démocratiques », ainsi que « droits de l'homme[1] » et « universel ». On les lit, on les utilise, mais la confusion est générale et les musulmans doivent se doter d'un discours plus clair, s'appuyant sur une terminologie mieux maîtrisée et mieux définie. J'ai essayé, depuis des années, d'entamer ce travail dans chacun des livres écrits sur ces questions, mais la route est encore longue pour parvenir à partager, à discuter et à ouvrir un débat critique sur ces concepts et leur définition.

La clarification de la terminologie est essentielle car ses conséquences sont déterminantes. Quand j'affirme, par exemple, que la *sharî'a* n'est pas « un système » ni « un corps de lois islamiques fermées[2] », mais bien plutôt la « Voie de la fidélité aux objectifs de l'islam » (qui sont de protéger la vie, la dignité, la justice, l'égalité, la paix, la nature, etc.[1]),

1. Qu'on devrait plus justement appeler, selon d'ailleurs l'expression anglaise, « droits humains » car la formule exprime immédiatement, et nécessairement, l'inclusion des genres « femmes » et « hommes ».
2. Comme l'ont défini les juristes musulmans (*fuqahâ*) en fonction de leur spécialisation en tant que savants du droit et de la jurisprudence islamique (*fiqh*).
1. Voir à ce sujet mes livres *Être musulman européen*, *Les Musulmans d'Occident et l'avenir de l'islam* et notamment *Islam, la Réforme radicale. Éthique et libération*, où je propose une nouvelle catégorisation des finalités éthiques du message de l'islam.

cela a effectivement une conséquence directe sur ma compréhension du cadre légal dans les sociétés occidentales. Ainsi, toutes les lois qui protègent la vie et la dignité humaines promeuvent la justice et l'égalité, imposent le respect de la nature, etc., sont *ma sharî'a* appliquée dans *ma* société même si celle-ci n'est pas majoritairement musulmane ou que ces lois n'ont pas été pensées et produites par des savants musulmans. Je suis dans la Voie puisque ces lois me permettent d'être fidèle à ses objectifs fondamentaux et donc d'être fidèle au message et aux principes de l'islam.

Avec une telle compréhension de la terminologie islamique, on perçoit que les perspectives sont totalement inversées. Une meilleure connaissance de ce que la citoyenneté implique conduit au même résultat. Les musulmans doivent ainsi se libérer de deux obstacles qui sont le produit d'une mauvaise compréhension de leur statut. Ils font face à la fois à un discours et à une pression qui confondent systématiquement les ordres : ils ont beau être déjà citoyens dans certains pays, ils ne cessent pourtant d'être traités comme des « minorités » parce que l'on se réfère indifférement à leur religion ou à leur culture, alors que les sociétés occidentales sécularisées font clairement la différence entre le statut juridique et public du citoyen et l'appartenance religieuse privée du fidèle. Les musulmans ont souvent psychologiquement intégré cette perception (que l'on projette sur eux) et ils se présentent aussi comme des « minoritaires » en confondant la réalité chiffrée de leur communauté religieuse et le sens et la teneur légale de l'appartenance citoyenne. Or, dans l'ordre de la citoyenneté, du rapport à la loi ou du traitement de l'individu, le concept de minorité est inopérant : il n'existe pas de « citoyenneté minoritaire » ! Il importe donc de lutter contre cette mentalité de « minoritaires » et de s'inscrire pleinement dans la participation citoyenne sur un pied d'égalité et avec la majorité. Si on établit ensuite un lien avec la définition et la compréhension dynamique et inclusive du concept de *sharî'a* proposé plus haut, on comprend la nature de la révolution intellectuelle qui peut naître de ce travail de clarification. Celui-ci doit encore être mené partout dans les communautés musulmanes : le sentiment plus ou moins clair ou diffus de la nécessité d'un changement existe, mais il faut lui donner corps et substance par un travail de vulgarisation d'envergure.

C'est ce travail en amont qui permettra de lutter contre les tentations victimaires à l'intérieur des communautés musulmanes. En effet, en établissant clairement que l'on est chez soi en Occident, qu'il s'agit de suivre la Voie de la fidélité aux principes supérieurs ici comme ailleurs, qu'il faut cesser de se penser « minoritaires », qu'il est impératif au contraire de connaître autant ses obligations que ses droits citoyens participant de la majorité ; en établissant cela, on invite les musulmans à se prendre en charge et à se libérer de la mentalité de victimes. C'est un défi majeur : il est urgent de cesser de blâmer « *la-société-qui-ne-nous-aime-pas* », « l'islamophobie », ou encore le « racisme », et de justifier ainsi une passivité coupable. Que ces phénomènes existent, cela ne fait aucun doute, mais il est impératif de les combattre en s'engageant en tant que citoyens et en luttant contre les injustices, le racisme, la discrimination, les discours populistes de stigmatisations et les hypocrisies. Cela signifie aussi lutter contre les discours paternalistes souvent néocolonialistes et les traitements infantilisants : depuis trente ans, l'Occident semble devoir s'occuper de « jeunes musulmans » éternellement « jeunes » et qui tardent sérieusement à devenir des adultes dont la maturité leur permettrait de discuter d'égal à égal.

Le sentiment d'appartenance fondé sur une connaissance plus approfondie des concepts et des objectifs est de nature à permettre aux musulmans de s'ouvrir sur les problèmes sociaux plus largement que lorsque cela concerne spécifiquement l'islam. Les questions sociales, l'instruction publique, les politiques scolaires, les associations de parents, le chômage, les sans-abri, la délinquance, la violence urbaine, mais également les débats de société, les rapports de pouvoir et de « races », l'engagement dans les partis, l'écologie, les politiques d'immigration et les relations internationales doivent les intéresser comme tous les autres citoyens. Cette ouverture reste le fait d'une minorité de citoyens de confession musulmane qui fait souvent face à des soupçons ou à des préjugés tenaces, mais elle ouvre la route d'un processus qui, même s'il est lent, devient irréversible. Le défi consiste à faire en sorte que ce processus soit compris et voulu plutôt que subi et géré de façon si chaotique qu'il pourrait devenir contre-productif et facteur de division.

Il est impossible d'établir la longue liste des défis, mais un certain nombre d'entre eux apparaissent immédiatement et nécessitent un engagement prioritaire. Il importe de s'intéresser aux processus qui attirent les jeunes vers le littéralisme le plus fermé ou encore, sur un registre plus politique, vers la radicalisation ou, dans des cas rares, vers l'action violente et terroriste. L'éducation islamique en Occident, dans sa forme autant que dans son contenu, doit être repensée à la lumière du contexte et des défis que nous avons relevés. Le discours sur la société environnante et la culture occidentale doit changer de ton et d'orientation : il est impératif d'encourager les musulmans à contribuer aux cultures américaines, australiennes et européennes qui sont désormais les leurs. La créativité, la contribution et la production en matière d'art, de musique, de cinéma, de littérature sont à encourager, de même d'ailleurs que la lecture d'ouvrages de tous horizons. Cette ouverture dans la confiance, cette confiance en sa richesse qui peut contribuer et offrir, cette présence dans l'échange… c'est cela qu'il faut encourager à plusieurs niveaux et dans différents domaines sociaux, politiques, culturels et sportifs bien sûr.

On doit évoquer ici la question de la transmission car le défi est majeur et que l'on rencontre tous les jours les réalités de sa mauvaise gestion. Les jeunes générations de musulmans apparaissent vite et deviennent vite visibles dans la société alors que le phénomène des migrations se poursuit et fait apparaître un autre type de population musulmane fraîchement immigrée. La question lancinante est on ne peut plus claire : comment transmettre les acquis en termes de compréhension, de discours et d'engagement citoyen à la fois verticalement aux nouvelles générations et transversalement pour atteindre les différentes communautés et, parmi elles, les immigrés qui arrivent sans discontinuer avec une idée de l'islam confondue avec les cultures des pays d'origine. J'ai déjà relevé ici que certains partis populistes utilisent les nouveaux arrivés pour jeter le doute sur tous les musulmans installés dans les différents pays. De plus, les médias concourent parfois à entretenir ces doutes en se concentrant sur les problèmes que rencontrent certains nouveaux immigrés. La difficulté est réelle et il appartient aux citoyens de confession musulmane de penser les moyens et les méthodes d'éducation et de transmission de façon plus organisée et plus performante. Et cela afin que les avancées et les acquis ne soient pas perpétuellement remis en cause par l'attitude de certains jeunes ou nouveaux arrivés agissant au nom de compréhensions tout à fait tronquées ou se laissant instrumentaliser par sincérité et/ou par naïveté.

11

La question des femmes

La question de la femme a toujours été l'une des priorités de mon engagement : je n'ai eu de cesse de questionner les interprétations traditionnelles et d'appeler les musulmans à une lucidité honnête et à une réflexion critique sur la situation des femmes dans les sociétés majoritairement musulmanes et les communautés établies en Occident. Il ne s'agissait pas pour moi de répondre aux critiques occidentales en adoptant une attitude défensive (voire apologétique), mais bien de répondre à l'exigence de probité intellectuelle et de cohérence. Je l'ai dit et répété : l'islam n'a pas de problème avec les femmes, mais il apparaît clairement que les musulmans ont effectivement de sérieux problèmes avec elles, et il faut en chercher, de l'intérieur, les raisons et parfois les (discutables) justifications.

Il y a d'abord un double phénomène à la source de toutes les constructions théologiques et sociales qui se sont établies *a posteriori*. La question des femmes est l'un de ces domaines qui est le plus touché par les lectures littéralistes du Coran et des traditions prophétiques. Négligeant le fait que la Révélation s'est produite dans un contexte donné et que sa transmission, sur vingt-trois années, détermine une orientation quant à la pédagogie divine, les lectures littéralistes figent le Texte hors de son contexte, de sa progression interne et des finalités du message global. Elles opèrent par « réduction » et parviennent parfois à justifier des interprétations qui sont clairement en contradiction avec la totalité du message dans son évolution historique ou encore avec le modèle comportemental du Prophète de l'islam. Au-delà des pratiques injustifiées (comme la violence physique), c'est la conception même de la femme, de son identité et de son autonomie qui différencie les interprétations réformistes des interprétations littéralistes. Ces dernières, en intégrant sans distance critique le contexte patriarcal de l'époque, associent la présence et le rôle de la femme à sa relation à l'homme, alors que l'approche réformiste cherche à dépasser le contexte historique et à extraire les objectifs fondamentaux quant à l'identité de la femme et à son autonomie. La femme doit ainsi devenir sujet et maîtresse de son destin.

L'étude des écrits et commentaires des anciens *'ulamâ*, de Tabarî à Abû Hâmid al-Ghazâlî, nous convainc que ceux-ci étaient très influencés par leur milieu culturel. Souvent, on constate qu'ils opèrent très involontairement par « projection » sur les Textes leur contenu et leurs objectifs. Pour le *faqîh* (juriste musulman) et le commentateur contemporains, il faut ainsi faire un double travail dialectique d'analyse : lire les sources scripturaires à la lumière de leur contexte, puis lire les commentaires postérieurs à la lumière des contextes socioculturels des savants qui les ont produits. Ce travail de déconstruction est difficile mais il permet d'établir la critique de l'enveloppe historique et culturelle projetée sur les sources premières. Ainsi le discours sur les femmes a-t-il été très influencé par les cultures patriarcales et on en est arrivé à justifier des pratiques culturelles qui n'étaient pas « islamiques ». L'excision des femmes, les mariages forcés, les crimes d'honneur, par exemple, ne sont pas islamiques, même si certains savants ont essayé de les justifier religieusement. Ce travail critique est loin d'être abouti et il importe de sensibiliser les musulmans et leurs concitoyens sur ces confusions qui mènent à des trahisons. C'est en ce sens qu'avec l'association musulmane Spior[1], depuis Rotterdam, nous avons lancé une campagne européenne en mai 2008 contre les mariages forcés : il s'agit de ne pas se taire et de dire avec force que ces pratiques sont anti-islamiques.

Il ne faut pas non plus minimiser la dimension psychologique dans le débat concernant les femmes. La relation avec l'Occident est complexe : avant, pendant, puis après les colonisations, la question de la femme a été centrale dans les relations de pouvoir et les débats politiques, théologiques et culturels. Cela a nourri dans la psyché musulmane contemporaine une sorte de réaction réflexe : moins le discours est occidental à propos des femmes, plus il est perçu comme islamique et, inversement, plus il est islamique, plus il se devrait d'être restrictif et s'opposer à la permissivité occidentale dont la finalité serait de laminer les fondements de la religion et de la morale. Cette attitude a souvent empêché les savants et les intellectuels musulmans d'engager une critique de l'intérieur qui s'affirme comme autonome et rigoureuse et se justifie par le souci

1. Voir à ce sujet mon site avec les informations sur cette campagne européenne « Ensemble contre les mariages forcés » (www.tariqramadan.com), en collaboration avec la municipalité de Rotterdam et le *think tank* (plate-forme de réflexion et d'action) que je préside, The European Muslim Network.

de réconciliation des musulmans avec leur propre message et ses finalités. Il ne s'agit pas d'être naïf sur les rapports de domination, mais bien de se libérer des craintes et des aliénations qui, pour se distinguer de l'autre et refuser sa mainmise, figent la pensée. Refuser la domination de « l'Occident » en trahissant les enseignements de son propre message religieux est une forme d'aliénation plus dangereuse encore puisque, dans la résistance, on a perdu sa capacité critique, son souci de cohérence et son énergie créatrice. On ne se définit plus que par l'autre, à travers son miroir négatif : la psychologie a ici raison de la libération.

Il importe donc de mener un travail critique approfondi et de pousser les femmes à s'y engager, en acquérant les connaissances religieuses nécessaires pour développer des lectures féminines nouvelles. Il faut qu'elles soient présentes dans les espaces de décision de la communauté religieuse, dans les organisations, les conseils de gestion des mosquées, etc. On doit bousculer les choses pour que les femmes trouvent leur juste place, mais elles doivent aussi se mobiliser : elles n'obtiendront rien si, de leur côté, elles cultivent une attitude de victimes. On le voit aujourd'hui, partout où les femmes ont accès à l'instruction, à l'éducation islamique, et même à l'engagement communautaire et social, elles font mieux que les hommes : meilleurs résultats, plus d'engagement, plus de rigueur et de sérieux. La réalité et les chiffres parlent d'eux-mêmes. Ce processus doit se poursuivre et offrir la possibilité aux femmes d'avoir accès à la société civile et au travail, avec des revendications qui doivent aller de soi : même formation, même compétence signifie obtention du même salaire. Les discriminations à l'emploi (parce qu'il s'agit d'une trop jeune femme qui connaîtra sans doute une maternité ou d'une femme trop âgée qui ne correspond pas à « l'image » de la jeunesse) doivent être refusées et combattues. Qu'on l'appelle féministe ou non (ce qui ne me dérange pas), cet engagement pour les droits légitimes de la femme peut et doit se faire de l'intérieur pour avoir quelque chance de succès. La route est longue et il s'agit de s'y engager ensemble : en élaborant un discours qui parle de la femme en tant qu'être, avant de s'intéresser seulement à ses fonctions familiales ou sociales – un discours qui protège son autonomie et sa liberté d'être et d'agir. Il s'agit pour nous, pour nous tous, d'être cohérents : garantir la liberté de la femme signifie accepter que celle-ci puisse faire un choix que l'on comprend ou un autre que l'on ne comprend pas. Il faut se méfier de ces nouveaux juges très « libéraux », et surtout très dogmatiques, qui se permettent de juger du seul bon usage de la liberté d'autrui.

12

Le sentiment d'appartenance et l'approche « postintégration »

Le sentiment d'appartenance aux sociétés occidentales et européennes ne naîtra pas de discours incantatoires et idéalistes. Au-delà de toutes les modalités de « l'intégration », le sentiment d'appartenance convoque des dimensions psychologiques très profondes et parfois complexes. Il se nourrit de divers éléments : l'atmosphère, les discours politiques, intellectuels et populaires, l'imagerie médiatique, les représentations dans le quotidien, la relation aux voisins, le sentiment d'être reconnus comme une richesse ou, au moins, d'avoir « une valeur » dans le regard de l'autre. Cela ne se décrète pas théoriquement et exige des efforts conjugués pour nourrir ce sentiment chez des individus : rien n'est facile ici et tous les acteurs doivent prendre leurs responsabilités. Si l'on devait encore utiliser le concept d'« intégration », on pourrait parler, comme je le faisais dans mon ouvrage *Les Musulmans dans la laïcité*, en 1994, de l'« intégration des intimités » pour évoquer le processus qui permet de « se sentir bien » et « chez soi ». Peu à peu, les différents modes d'« intégration » ont été, sont ou vont être dépassés – intégration linguistique, intellectuelle, sociale, légale, culturelle et religieuse. Ce qui demeure est l'étape ultime, psychologique et intellectuelle, qui nourrit le sentiment d'appartenance et s'en nourrit.

À ce stade, le succès du processus d'intégration est justement de cesser de parler d'intégration. Aussi longtemps que l'on en parle, on alimente la perception de deux entités fondées sur le sentiment de « nous » et d'« eux », d'une société qui « accueille » et de citoyens, encore un peu « d'origine immigrée », qui sont « accueillis ». Le discours quasi obsessionnel sur « l'intégration » des nouveaux citoyens est un obstacle objectif à la naissance positive du sentiment d'appartenance. En ce sens, au-delà d'un certain point, les politiques d'intégration produisent exactement le contraire de ce qu'elles disent vouloir réaliser : elles mettent en avant des différences, délimitent des entités caricaturales et entretiennent l'idée que certains citoyens, après plusieurs générations, sont encore des invités, trop différents, qui doivent encore et toujours « s'adapter ». Ce discours nourrit des perceptions : en France comme en Grande-Bretagne, après trois, quatre, voire cinq générations, on parle encore de Français ou de Britanniques « d'origine immigrée », et les Afro-Américains musulmans sont encore soit trop africains soit trop musulmans pour être traités égalitairement. Jusqu'à quand reste-t-on un « immigré » lorsque l'on sait que la seule différence entre ceux qu'on appelle « Français de souche » ou « Britanniques de souche » et immigrés récents tient au fait que les « Français de souche » ou les « Britanniques de souche » sont simplement des immigrés de plus longue date ? Aux États-Unis, les Noirs subissent toujours les réalités du racisme, les rapports de domination, de discrimination et d'aliénation qui stigmatisent cet « autre ». L'élection de Barack Obama ne doit pas nous tromper sur les courants de fonds, en termes de « race », qui influencent et déterminent encore la société américaine. Sur l'échelle de l'histoire, les différences sont relatives ; mais ce sont ici les perceptions et les représentations qui font problème, construisent les appartenances et dessinent les différences et les exclusions.

Il nous faut élaborer une approche et un discours « postintégration » qui revisitent la façon dont on se représente, on s'étudie, et qui prennent ainsi acte des transformations des sociétés européennes. En cela l'histoire et les positionnements sociaux et politiques des Afro-Américains sont instructifs et utiles puisque leur discours et leur approche ont dépassé ces registres et s'inscrivent résolument de l'intérieur de la société américaine. Ce discours et cette approche de l'intérieur imposent de revoir nos programmes officiels d'histoire afin de proposer une démarche inclusive. Nous avons besoin d'une histoire (nationale, européenne et occidentale) officielle intégrant les mémoires plurielles des citoyens (nouveaux ou pas) qui la composent : il s'agit d'en parler, de mettre en évidence les richesses culturelles et intellectuelles et de donner de la valeur à cette contribution et à cette présence. Il ne peut y avoir de sentiment d'appartenance à un corps social si celui-ci ne reconnaît pas officiellement la valeur et la contribution (historique et actuelle) de ses membres, de tous ses membres. Il n'est pas question de produire un discours culpabilisant sur les colonisations passées, mais un discours positif et confiant qui sait reconnaître les erreurs, évaluer les richesses et les apports, parler de l'expérience douloureuse de l'esclavage, de l'exil et également de la participation des premières générations, mères et pères des nouveaux citoyens, à la construction des pays occidentaux.

Il importe de développer des politiques positives et officielles qui s'intéressent aux contributions et aux partages plutôt qu'à une prétendue « intégration » dont on ne sait plus très bien ce qu'elle recouvre à partir du moment où la très grande majorité des citoyens parlent la langue du pays, respectent les lois et revendiquent justement le droit d'être traités égalitairement. Tout se passe pourtant comme s'ils devaient encore et encore prouver leur appartenance, en étant soumis à des listes de questions sensibles (variables selon les pays occidentaux) qui doivent déterminer s'ils sont « intégrables » ou pas, « modérés » ou pas. Êtes-vous d'abord musulmans ou américains, canadiens, australiens, italiens, britanniques ou français ? Parlez-vous la langue nationale à la maison ? Que pensez-vous du « voile islamique » ? Votre position sur l'homosexualité ? Comment éduquez-vous vos enfants ? Allez-vous à la piscine ? Voulez-vous des écoles islamiques ? Comment choisissez-vous votre médecin femme ou homme ? Quand on ne va pas jusqu'à les questionner sur le conflit israélo-palestinien, la guerre en Irak ou, plus généralement, sur les crises au Moyen-Orient, en Asie ou en Afrique du Nord. Ces questions tests sont proprement intolérables, elles sont pourtant omniprésentes et distinguent les bons musulmans des « mauvais », les bons citoyens des « suspects ». On n'oserait pourtant pas poser le dixième de ces mêmes questions à des citoyens ordinaires, « de souche », athées, agnostiques, juifs, catholiques ou protestants, fussent-ils conservateurs ou dogmatiques.

Avec la politique liée aux programmes scolaires dont nous parlions plus haut, il importe de lancer des projets sur le plan local qui réunissent les citoyens autour de valeurs communes et qui cessent de les classer comme « nationaux », « intégrés » ou « à intégrer » (ou « autochtones » ou « allochtones » comme aux Pays-Bas). Il importe de prendre acte qu'ils sont citoyens et de les engager dans des actions sociales de proximité qui reconnaissent leur présence, promeuvent leur richesse et mobilisent leur énergie. J'ai été associé, durant ces trois dernières années, avec la municipalité de Rotterdam et sous l'impulsion initiale d'un élu du parti écologiste (Orhan Kaya), à un projet pilote extrêmement intéressant et novateur. Il s'agit, autour du thème générique « Citoyenneté, identité et sentiment d'appartenance », d'établir des ponts dans différents domaines : éducation, marché de l'emploi, médias, relations entre les communautés religieuses, projets sociaux, etc. C'est au niveau local que l'on peut faire naître un véritable sentiment d'appartenance, des liens de respect mutuel et de confiance, des initiatives novatrices et plurielles. Après un premier cycle de rencontres de terrain, j'ai publié un rapport d'étape sur l'éducation[1], et le processus se poursuit autour des questions du marché de l'emploi et des médias[2]. À l'image de ces projets qui insistent sur la proximité, le sentiment commun d'appartenance et la créativité citoyenne – au nom d'une approche de nature clairement « postintégration » –, nous avons besoin de politiques nationales d'initiatives locales. Au demeurant, on s'aperçoit, au niveau local, que les tensions et les débats passionnés qui polarisent les acteurs au niveau national ne sont pas des réalités au niveau local. On aurait tort de se laisser tromper par les

1. Voir les rapports publiés : *Report on City Tour of Tariq Ramadan, March 2007-June 2007*, Municipality of Rotterdam, Youth, Education and Society (*Jeugd, Onderwijs en Samenleving*), septembre 2007, et *Citizenship, Identity and A Sense of Belonging : Bridge of Trust, Education : The first Pillar*, Municipality of Rotterdam, Youth, Education and Society (*Jeugd, Onderwijs en Samenleving*), avril 2008.
2. Un volet académique est lié à ce projet avec la création d'une chaire « Citoyenneté et Identité » à l'université de Rotterdam. Trois projets de thèses de doctorat ont été lancés autour d'études comparatives sur des politiques et des dynamiques locales. Voir ma page web à l'université : http:// www.eur.nl/fsw/staff/homepages/ramadan.

débats des capitales, les propos de certains politiciens très visibles ou de médias nationaux qui ne rendent pas compte des dynamiques très constructives opérant partout au niveau des villes et des quartiers.

La responsabilité des citoyens de confession musulmane est également très importante. Il s'agit à la fois, comme je l'ai dit, de revoir le contenu des enseignements dispensés dans les organisations et les mosquées et la nature des représentations que l'on propage sur la société environnante. Il est important que l'on insiste, dans les cercles musulmans, sur l'importance de la connaissance de la langue, du cadre légal environnant, mais aussi que l'on développe une approche positive sur la culture, les arts, la contribution, la créativité et, bien sûr, le sentiment d'appartenance qu'il faut assumer et nourrir. Ce que les musulmans entendent dans les mosquées, les conférences ou les activités communautaires doit leur permettre de vivre sereinement leur appartenance à l'islam en même temps qu'une citoyenneté assumée et ouverte vers leurs concitoyens. C'est pour cette raison que l'institutionnalisation au niveau local comme au niveau national est si importante. À terme, il faudra que les imams soient formés dans le contexte occidental, européen et national, de façon bien sûr indépendante, et qu'ils connaissent la langue et la culture du pays, qu'ils en soient imprégnés de l'intérieur afin d'apporter aux communautés religieuses une vision et des solutions en phase avec les réalités du terrain.

Les intellectuels, les leaders, les cadres associatifs et de nombreux savants musulmans déploient des efforts considérables pour mener à bien cette transition et, comme je l'ai dit, les choses évoluent vite. Il faut encore néanmoins du temps pour que les musulmans développent une vision globale cohérente et déterminent les formes et les étapes des engagements multidimensionnels dont ils ont besoin. Les défis sont multiples et les enjeux importants : outre les questions strictement religieuses, il y a bien sûr des considérations économiques et culturelles dont il faut tenir compte dans les processus de représentations et de perceptions de soi et de l'environnement. À cela il faut ajouter l'enjeu politique : au niveau national, de nombreux partis politiques affirment qu'il faut distinguer l'appartenance religieuse et l'appartenance citoyenne. Toutefois, au niveau local, on s'aperçoit que les pratiques sont tout autres et que les autorités et les élus non seulement tiennent compte des appartenances religieuses, mais s'appuient aussi sur ce sentiment pour récolter des voix et attirer des électeurs. Le phénomène est visible partout : les musulmans sont ou vont devenir des enjeux importants dans les élections, et les partis politiques, souvent déconnectés de ces nouveaux citoyens, ne parviennent souvent à les atteindre que par des discours « communautaires », leur promettant de tenir compte de leurs demandes « religieuses ». Nous sommes ici en complète contradiction avec les principes politiques affichés distinguant le religieux du politique. Pour les leaders et les citoyens de confession musulmane, le défi est de taille : ils peuvent jouer sur le rapport de force, et la force du nombre, pour influer sur les politiques locales et, en même temps, renforcer le sentiment communautaire. Ils peuvent, au contraire, s'engager à développer une éthique citoyenne qui consiste à exiger de la cohérence, des politiques sociales justes et un traitement égalitaire. Cela veut dire exiger de l'intégrité politique, de la compétence et l'évaluation civique des politiques locales plutôt que d'entraîner les citoyens de confession musulmane vers des logiques politiciennes communautaires et fermées – une impasse vers laquelle des politiciens, obsédés par les élections, les emmènent étrangement et dangereusement.

13

Les questions sociopolitiques, les médias

Quand les politiciens manquent d'idées ou de courage pour promouvoir des politiques sociales, ils se contentent de surfer sur les perceptions et les sentiments populaires et finissent par « culturaliser », « religioniser » ou « islamiser » les questions sociales. Ainsi, en l'exprimant directement ou en le laissant entendre de façon implicite, on établit un lien entre les problèmes sociaux, la violence, la marginalisation d'une part et la couleur de peau (« la race »), l'origine culturelle ou la religion des individus d'autre part. En panne d'idées politiques, on développe des théories politiciennes, populistes et souvent explicitement ou implicitement racistes. Au cœur de ce processus, le danger consiste à voir les citoyens musulmans s'imprégner eux-mêmes de ce discours et penser que le problème n'est pas politique mais bien religieux et culturel. N'étant souvent pas au fait des anciennes stratégies et manipulations (rapport de pouvoir, représentation, etc.) quant au traitement général de la question raciale (Indiens d'Amérique, Afro-Américains, Noirs ou Arabes, etc.), ils acceptent très (trop) vite – et avec une coupable naïveté – l'équation stipulant que, à cause de l'appartenance religieuse et culturelle minoritaire, ils ne pourront jamais se sortir de la marginalisation sociale. Le sentiment victimaire se justifierait donc, il n'y a rien à espérer ni de la société ni des politiques : la boucle est bouclée.

Cette logique est grave, il faut la refuser et la combattre. J'ai répété qu'il fallait lutter contre le sentiment victimaire, mais cela ne doit pas nous empêcher de voir qu'il existe bien des victimes de discriminations à l'emploi, au logement et plus largement au faciès. Le racisme est une réalité et on trouve dans certaines villes, cités ou banlieues des gestions qui rappellent malheureusement les logiques coloniales où l'on entretient, parmi les citoyens, le sentiment de valoir moins que les autres, d'être des citoyens de seconde classe. Reconnaître qu'il existe des victimes est une chose, entretenir un sentiment victimaire en est une autre. Au demeurant, j'en appelle à un sentiment exactement opposé : parce qu'il y a des victimes réelles, il faut s'opposer à toute tentation de victimisation et se prendre en charge pour revendiquer ses droits.

Cela commence par affirmer qu'il faut cesser de « culturaliser » et d'« islamiser » les problèmes parce qu'on ne sait pas les résoudre avec de nouvelles politiques sociales un peu téméraires. Nos politiciens manquent de courage et sont obsédés par le temps des élections qui n'est pas le temps, bien plus long, des réformes sociales. Les problèmes des structures sociales manquantes, du chômage, de l'habitat ou des discriminations sociales n'ont rien à voir avec la religion : ce sont des questions sociales qui exigent des politiques sociales. Il est réjouissant de voir que, lors des émeutes dans les banlieues françaises en 2005, la majorité de la classe politique a évité d'en faire un problème culturel et religieux : les conséquences auraient pu être dramatiques. Cependant, trois ans après les événements, et malgré des élections – présidentielle, législatives et municipales –, rien n'a été fait, rien n'a changé. On est resté prudent sur la qualification des émeutes, mais la passivité qui a suivi, avec le silence de la classe politique sur ces questions, donne l'impression que celles-ci ne sont pas les questions des vrais citoyens, qu'il ne s'agit pas de problèmes intérieurs réels et prioritaires. Tout se passe comme si les cités et les banlieues étaient des territoires à part. Aux États-Unis, l'élection du premier président afro-américain ne doit pas nous leurrer sur la réalité du racisme structurel et des injustices quotidiennes que subissent les Noirs. Ces processus de « culturalisation » ou d'« islamisation » des questions sociales ou, à l'inverse, de leur déplacement dans une sorte de no man's land citoyen sont à l'œuvre dans tous les pays occidentaux quand on s'approche des élections politiques ou en temps de crise.

Si l'on ajoute à cela la question de l'immigration, le tableau est encore plus sombre. Au lieu de considérer les phénomènes à l'aune des droits humains d'une part et des réalités économiques d'autre part, on en fait des questions d'identité, de religion et de culture : ces dernières sont menacées non seulement de l'intérieur, mais également de l'extérieur par les flux migratoires incessants. Des propos tendancieux ou clairement racistes se répandent dans les discours politiques et parmi les populations : la sphère du politique et celle de la gestion économique sont désertées pour laisser libre cours à des considérations identitaires, « essentialistes », culturelles et religieuses justifiant la xénophobie et le rejet. En Suisse[1], au Danemark, en Espagne, en Allemagne, en France, en Italie et finalement à travers toute l'Europe comme aux États-Unis, au Canada ou en Australie, l'islam et les musulmans symbolisent non pas la figure du citoyen installé mais celle de l'éternel immigré à intégrer ou à stigmatiser. En Europe, la question politique de l'intégration de la Turquie aurait dû être appréhendée sur la seule base des conditions d'adhésion : la Turquie se conforme-t-elle oui ou non aux conditions de l'intégration à l'Union européenne ? Si oui, elle peut y adhérer ; si non, elle doit attendre et chercher à atteindre ces objectifs. Or, on assiste ici encore à un déplacement vers le religieux et le culturel : le problème turc, explicitement ou implicitement, est une question religieuse et culturelle qui met en danger les équilibres européens et l'homogénéité culturelle du continent. Des députés européens l'ont dit et l'on fait mine de ne pas en être conscient au niveau des gouvernements. Le président français Nicolas Sarkozy a néanmoins

1. En Suisse, des responsables du parti d'extrême droite l'Union démocratique du centre (UDC) ont demandé à ce que l'on me retire ma nationalité car mon engagement pour l'islam prouvait ma non-intégration. Ils ont par ailleurs demandé que l'on interdise la création de minarets qui symbolisent l'installation des musulmans et l'« arrogance de leur colonisation », en contradiction avec « l'essence chrétienne » de la culture suisse.

affirmé tout haut ce que la majorité pense tout bas. Triste tableau, dangereuses incohérences.

On constate partout ces mêmes déplacements du social et du politique vers le culturel et le religieux. Incapables de proposer des politiques justes et égalitaires sur les plans sociaux et politiques, on justifie les incohérences, les contradictions et parfois les hypocrisies en s'appuyant sur des considérations raciales, culturelles et religieuses qui expliqueraient ou justifieraient les traitements différentiels. Ce que les citoyens occidentaux de confession musulmane doivent revendiquer de toute urgence, c'est la reconnaissance de leur statut et le traitement égalitaire qui incombe à la société et aux collectivités à quelque niveau que ce soit. Il faut repenser les politiques sociales, de même que la gestion nécessaire des rapports de pouvoir car il est bien question de cela en fin de compte. Il s'agit de se réconcilier avec la politique et la gestion des rapports économiques : en étant obnubilées par les questions d'identité et en déplaçant les débats vers « les valeurs », « la culture » ou « la civilisation », les sociétés occidentales évitent les questions de l'État de droit, de l'égalité de traitement, des rapports objectifs de domination, de minorisation et de marginalisation économiques et sociales, des discriminations politiques, du racisme et de la xénophobie et, ce faisant, entérinent des déficits démocratiques dangereux. Au nom d'une idée reconstruite de son identité et d'une représentation de soi sélective et très idéologique, les États-Unis, le Canada, l'Europe, l'Australie ou la Nouvelle-Zélande semblent, en effet, accepter de trahir au passage quelques-unes de leurs valeurs démocratiques fondamentales. Le danger est réel.

On ne peut plus minimiser ou sous-estimer le rôle des médias dans les représentations et la nature des débats nationaux et internationaux. On peut effectivement rester passifs et subir la « logique médiatique » qui s'intéresse naturellement aux crises et amplifie les représentations problématiques ou négatives ; ou alors on peut penser à engager les journalistes et les médias dans la dynamique générale dont je parle ici. Il ne s'agit pas de vouloir contrôler les journalistes ou leur liberté d'expression et d'analyse, mais de travailler sur le fond et le long terme, en rendant d'abord les journalistes conscients qu'elles/ils sont des citoyens et qu'il serait bon qu'elles/ils maintiennent éveillée leur conscience civique au moment même d'exercer leur profession. Cela veut dire pour eux s'intéresser aux processus plutôt qu'aux faits divers, aux mouvements de fond qui construisent plutôt qu'aux seuls « scoops » ou à la couverture sensationnaliste des événements qui frappent ou qui choquent. Des « politiques médiatiques » s'imposent qui doivent penser à la formation des journalistes, sur les questions religieuses et culturelles d'une part, sur les questions sociales et les processus de marginalisation, etc., d'autre part. Il importe d'engager les médias de proximité et surtout de mieux faire connaître les actions locales intéressantes sur le court et sur le long terme. Les journalistes, parce qu'ils sont des médiateurs incontournables, façonnent les représentations et sont, de fait, des acteurs clés dans la gestion du pluralisme social, religieux et culturel, dans le développement du sens de l'appartenance comme, enfin, dans la potentielle alimentation des peurs ou des phobies.

Les citoyens, les acteurs sociaux comme les politiciens doivent penser de façon plus rigoureuse et plus systématique le volet de la communication. À contre-courant des stratégies « relations publiques » et des jeux sur les effets d'annonce et sur l'image, il faut inviter les journalistes et les médiateurs à prendre le temps, à comprendre la complexité des enjeux et à appréhender les choses dans la temporalité plus longue et les évolutions historiques. Défi difficile s'il en est, tant les journalistes sont soumis(es) eux-(elles-)mêmes à la pression du temps et des perceptions majoritaires. Nous avons aussi besoin de quelques journalistes courageux(ses) qui osent aller contre les opinions établies, questionnent les certitudes et posent les bonnes questions. Elles/ils se font de plus en plus rares mais elles/ils existent et leurs contributions sont essentielles.

14

Les racines de l'Europe… et de l'Occident

On a vu ces dernières années le débat se déplacer du politique et de l'économique vers le culturel et le religieux. On a pu également observer sa projection sur l'histoire avec des débats parfois surréalistes sur « les valeurs occidentales » et « les racines » de l'Europe et son identité « gréco-romaine » ou « judéo-chrétienne », ou simplement « grecque et chrétienne », selon les propos du pape lors de sa conférence à Ratisbonne le 12 septembre 2006. Avec l'arrivée de l'islam, de nouveaux immigrants plus visibles et le changement manifeste dans les sociétés occidentales, on semble penser qu'il faut « resserrer » les rangs, redéfinir ce que sont l'Occident et l'Europe, afin d'être à même de délimiter (au sens d'établir des limites) ce qu'est l'identité occidentale/européenne et ce qui la constitue d'un point de vue culturel et religieux. Au cœur du pluralisme, le plus grand danger serait de voir détruite l'idée que l'on s'est toujours faite de soi : qu'importent alors les valeurs humanistes et la vision sociale et politique de l'Europe (et de l'Occident), ce qui compte désormais, ce sont nos racines, notre identité et ce qui nous définit historiquement comme « occidentaux », « européens », ou « français », « italiens », « britanniques », « américains » en termes de culture ancestrale et de religion établie. Ce qui sourd de ce processus est finalement aussi simple qu'explicite : l'islam, c'est « l'autre », même présent parmi nous.

Cette idée n'est pas nouvelle, et le projet même de « l'Europe », au-delà de sa construction géographique, a été nourri et façonné par ce processus de distinction – ou clairementd'opposition – à ce qui n'est pas elle. Pour de nombreux acteurs, intellectuels, politiciens ou religieux, l'islam a souvent, historiquement, joué le rôle de « l'autre » dans le miroir duquel on pouvait mieux définir ce que l'on était soi-même. La reconstruction sélective du passif historique, des racines de l'Europe et le « trou noir » qui caractérise la contribution de l'islam et des musulmans à la construction de l'Europe sont édifiants à ce sujet. Les apports scientifiques, juridiques, philosophiques et religieux des savants et des intellectuels musulmans font l'objet d'une telle négligence – dans la mémoire collective autant que dans l'enseignement – qu'on ne peut manquer d'y voir un choix idéologique dans le processus qui mène à la construction de soi. Pour faire bonne figure, on cite obsessionnellement la figure d'Averroès, *le-rationaliste-qui-nous-ressemble-tant*, à qui l'on doit d'avoir redécouvert « notre » Aristote[1], mais on néglige plusieurs dizaines de scientifiques, penseurs, philosophes et artistes qui ont non seulement vécu en Europe, mais qui ont aussi profondément influencé les mentalités et les pratiques scientifiques, philosophiques et même légales et politiques européennes. Les manuels scolaires, des écoles primaires à l'université, ne mentionnent ces apports que marginalement (comme s'il s'agissait, encore et toujours, d'apports d'une civilisation et d'une religion exogènes) et les cursus universitaires n'y font parfois pas même référence. Sont-ce là les hasards d'une perte partielle de mémoire ou les conséquences d'un choix idéologique et politique délibéré ? La réponse ne fait aucun doute.

Les réflexes auxquels nous assistons aujourd'hui confirment la nature profonde de ce très ancien processus. Celui-ci consiste, au moment où l'on détermine et sélectionne ce qui nous définit, à

1. Mais dont on oublie de rappeler qu'il était un juge musulman (*qâdî*) et, de surcroît, un fervent pratiquant.

dessiner le portrait de ce qui est différent de nous ou qui nous est opposé. Nous sommes témoins d'une réactivation très volontariste de ce processus de redéfinition identitaire : la présence des nouveaux citoyens musulmans, l'arrivée continue des immigrés et les projections démographiques font peur et il devient donc urgent de dire clairement qui l'on est, sous peine de voir son identité et sa culture se perdre dans la diversité ou tout simplement disparaître. La crainte du pluralisme religieux et culturel entraîne la réduction et un regard très exclusif sur soi dans le passé. C'est bien ces considérations qui constituaient le substrat de la conférence du pape à Ratisbonne : en parlant du lien entre la foi et la raison et en insistant sur la relation privilégiée de la tradition rationaliste grecque et de la religion chrétienne, le pape Benoît XVI tentait de définir l'identité européenne qui serait d'abord chrétienne par la foi et grecque par la raison philosophique. L'islam, qui ne connaîtrait pas cette relation à la raison, serait en somme étranger à l'identité européenne (et occidentale) construite à travers cet héritage. C'est déjà au nom de cette compréhension que le cardinal Ratzinger avait exposé, il y a quelques années, son refus de l'intégration de la Turquie à l'Europe : la Turquie, musulmane, ne fut jamais et ne saurait être authentiquement de culture européenne.

Encore une fois, elle est autre, elle est « l'autre ». En cela, Benoît XVI est un pape très européen qui appelle les peuples du continent à prendre conscience du caractère central et incontournable du christianisme s'ils tiennent à ne pas perdre leur identité. Ce message est peut-être légitime en ces temps de crise identitaire, mais il est surtout potentiellement dangereux puisqu'il opère une double réduction dans l'approche historique et dans la définition actuelle de l'identité européenne.

L'Europe ne saurait survivre, pas plus que l'Occident, si l'on s'évertue à vouloir se définir exclusivement et à distance de l'autre – de l'islam ou du musulman – qui nous fait peur. Peut-être que ce dont l'Occident, et l'Europe ce faisant, a le plus besoin aujourd'hui ce n'est point d'un dialogue avec les autres civilisations, mais d'un vrai dialogue avec lui-même, avec les facettes de lui-même qu'il s'est trop longtemps refusé à voir et qui l'empêche encore de mettre en valeur la richesse des traditions religieuses et philosophiques qui le constituent. L'Occident comme l'Europe doivent se réconcilier avec la diversité de leur passé afin de maîtriser le pluralisme impératif de leur avenir. L'approche réductrice du pape, et de ceux qui secouent l'épouvantail du dangereux pluralisme culturel, n'aide pas à la réalisation de cette réappropriation. Il appartient aux universitaires et aux intellectuels, musulmans ou non, de leur prouver – par des études historico-critiques – qu'ils se trompent historiquement autant que scientifiquement[1]. Ce serait également un moyen pour les musulmans d'aujourd'hui de se réconcilier avec l'édifiante créativité des penseurs musulmans occidentaux et européens du passé qui, non seulement, étaient « intégrés », mais qui ont aussi profondément contribué, nourri et enrichi de leurs réflexions critiques l'Europe comme l'Occident. Il importe de montrer que la mémoire sélective qui tend à « oublier » les apports décisifs de penseurs musulmans, dont le rationalisme était actif – tels que al-Kindî (IXe), al-Farâbî (X^e^), Ibn Sîna (Avicenne, XIe), al-Ghazâlî (XIe-XIIe), Ibn Rushd (Averroès, XIIe), Ash-Shâtibî (XIIIe), Ibn Khaldûn (XIVe), etc. –, reconstruit une Europe qui trompe et se trompe sur son passé. À la lumière de cette nécessaire réappropriation, les musulmans peuvent montrer, raisonnablement et loin de toute polémique, qu'ils partagent l'essence des valeurs sur lesquelles se fondent l'Europe et l'Occident et que leur tradition religieuse a également contribué à leur émergence et à leur promotion.

---

1. C'est ce que n'a de cesse de faire, livre après livre, le philosophe spécialiste du Moyen Âge Alain de Libera. Voir notamment son ouvrage de référence *Penser au Moyen Âge*.

15

La réforme et les sept « C »

Mes études théoriques et légales ainsi que mon travail de terrain, durant ces vingt dernières années, m'ont amené à évoluer, à densifier ma réflexion et à explorer de nouvelles pistes. Sur le plan théorique, j'en suis arrivé à penser que les musulmans devaient aller plus loin, et non pas simplement réfléchir sur le droit et la jurisprudence islamiques (*al-fiqh*). Depuis cent cinquante ans, nous parlons du raisonnement critique autonome (*ijtihâd*) qui devrait nous permettre de faire face aux défis contemporains et, malgré tout, les crises et les obstacles demeurent, même si l'on a vu des évolutions notoires. À mon sens, il faut désormais remonter aux sources des fondements du droit et de la jurisprudence (*usûl al-fiqh*) et questionner les catégorisations et les méthodologies originelles. C'est ce que j'ai appelé la « réforme radicale » qui devrait nous faire passer de la réforme essoufflée de l'adaptation à la réforme créatrice de la transformation[1]. Le défi est majeur et le processus qui pourra mener à ces développements demandera du temps et devra essuyer d'abord de vives critiques, voire des oppositions catégoriques et des rejets. Les termes du débat sont néanmoins posés : il s'agit pour moi, avec d'autres savants et intellectuels musulmans, d'ouvrir un débat de fond.

Cet engagement théologique, juridique, intellectuel et académique en amont, j'ai toujours voulu le mener en même temps que mon engagement au cœur des sociétés civiles, en Occident ou dans le tiers-monde et, bien sûr, à l'intérieur des sociétés et des communautés musulmanes. Depuis vingt ans, j'ai pu visiter la quasi-totalité des pays européens, les États-Unis, le Canada, la Russie, l'Australie, la Nouvelle-Zélande, mais également la majorité des pays africains, asiatiques et arabes. Je n'ai eu de cesse d'être en contact avec les citoyens de tous horizons et de toutes religions, de même que des musulmans, afin d'écouter, d'analyser et de

1. Voir mon ouvrage : *Islam, la Réforme radicale.*, *op. cit.*

chercher à comprendre. Dans le cas des communautés musulmanes à travers le monde, en Occident comme partout ailleurs, il m'est vite apparu que les problèmes étaient autant liés à la spiritualité et à la psychologie qu'à des réalités strictement religieuses, sociales ou politiques.

Au cours des années, j'ai développé une approche et un discours que j'ai d'abord résumés en une théorie des « quatre C[1] ». Il s'agissait de fixer des priorités et d'ouvrir des perspectives simples et clarifiantes quant à la compréhension des enjeux et à l'engagement des acteurs musulmans. Lors d'une visite en Afrique au cours du Colloque international des musulmans dans l'espace francophone (Cimef) qui s'est tenu à Ouagadougou (Burkina Faso) en août 2006, deux intervenants m'ont interpellé et m'ont proposé d'ajouter deux autres « C » à ma liste. Ils avaient bien raison. Récemment, après une conférence que je donnais à l'université d'Oxford, une auditrice est venue me voir et m'a suggéré de penser à un autre « C » qui, dans les faits, faisait profondément écho à une discussion que j'avais eue avec Karen Armstrong et

1. Il s'agissait de jouer sur la formule et la prononciation anglaise en affirmant qu'il fallait « *to foresee the four Cs* » – littéralement « prévoir et anticiper les quatre C ».

que j'avais traitée dans mon dernier essai philosophique[1]. C'est pourquoi l'approche se conjugue désormais autour de sept « C » qui devraient former autant de piliers dans l'élaboration des priorités et des stratégies.

Ce dont les musulmans ont besoin de toute urgence est de *confiance*. La crise identitaire est profonde et il est impératif de développer, à travers l'éducation, une meilleure connaissance de soi et de son histoire, de forger une conscience et une intelligence qui soient confiantes et sereines. Être sûr de soi tout en étant humble vis-à-vis d'autrui parce qu'il s'agit, à terme, de conjuguer la *confiance* en soi avec la *confiance* en l'autre. Ce travail doit être marié à un devoir permanent et rigoureux de *cohérence* : en effet, il ne s'agit pas d'idéaliser ses valeurs et son message en n'étant plus capables d'établir une critique rigoureuse des contradictions, des dysfonctionnements, voire des trahisons qui traversent les sociétés et les communautés musulmanes. L'esprit critique, la loyauté critique, la rationalité active sont non seulement les meilleurs amis de la spiritualité profonde, mais ils sont aussi les conditions du développement

1. *L'Autre en nous, pour une philosophie du pluralisme*, Presses du Châtelet, 2009.

et du renouveau. Où qu'ils soient, dans n'importe quelle région du monde, les musulmans devraient être des témoins (*shâhid*, plur. *shuhadâ*) de la richesse et du potentiel positif de leur message. Pour ce faire, ils doivent contribuer au bien-être de tous, quels que soient leur religion, leur statut ou leur origine : le pauvre, le malade, l'opprimé n'ont pas de religion. La *contribution* des citoyens de confession musulmane doit être la réponse positive aux discours passéistes obsédés par « l'intégration ». Il est important que les musulmanes et les musulmans retrouvent, dans tous les domaines de l'intelligence et de l'agir (sciences, arts, cultures, sociétés, politique, économie, écologie, éthique, etc.) l'énergie de la *créativité* et le goût de l'entreprise et du risque. Il faut libérer les intelligences et les talents et offrir aux femmes et aux hommes des espaces d'expression, d'expérimentation, de critique et de renouvellement. Il ne faut pourtant pas qu'ils oublient que de nombreux concitoyens (voire des coreligionnaires) ont des craintes, ne comprennent pas et aimeraient en savoir davantage : la *communication* est essentielle. Le choix de la terminologie, la définition des concepts, la capacité de décentrage et d'empathie intellectuelle (et culturelle) sont importants non pas seulement pour tenir compte de là où l'on parle, mais également pour considérer la situation de celle ou celui qui écoute (avec ses peurs, son histoire et ses références). Reste encore une exigence : être cohérent et critique vis-à-vis de soi ne peut justifier de faire l'économie de la critique des incohérences, voire des hypocrisies, d'autrui. Qu'il s'agisse de pouvoirs, de gouvernements, voire de lois (comme celles de l'apartheid qui était institutionnalisé en Afrique du Sud), il faut garder intacts son devoir et son droit humains à la *contestation*. Savoir résister à la trahison des principes, et ce même quand cette trahison est le fait de sa famille, de ses coreligionnaires, de son gouvernement ou de quiconque. Il ne faut pas se taire face aux gesticulations hypocrites des États occidentaux devant la répression chinoise vis-à-vis des Tibétains (que je défends depuis plus de vingt-cinq ans), pas plus qu'au cœur du silence de la communauté internationale alors que les Palestiniens subissent la colonisation et la répression des gouvernements israéliens successifs[1]. Développer la capacité à l'empathie, à la compréhension, au pardon, accéder à la *compassion*, vis-à-vis de

1. Il faut aussi dénoncer les hypocrisies des États arabes qui sont, somme toute, les premiers responsables du lâchage et de la déroute des Palestiniens.

soi et d'autrui (selon l'exigence de la tradition bouddhiste), sont un autre impératif. Il ne s'agit pas de pitié ou de sentimentalisme passif, mais de compréhension et de pardon dans l'action, dans l'exigence de justice, sans jamais oublier l'ordre du cœur et de l'amour[1].

Les sept « C » (*Confiance, Cohérence, Contribution, Créativité, Communication Contestation et Compassion*) offrent un cadre clair et surtout le sens de certaines priorités. L'éducation, la connaissance de soi, l'esprit critique et la créativité sont des domaines où il faut investir de toute urgence. Les femmes comme les hommes musulmans traversent une crise de confiance psychologique et intellectuelle. Ce n'est qu'avec ce travail sur soi qu'ils sauront communiquer avec leur environnement autrement que de façon réactive ou émotive, trop souvent sur la défensive. C'est aussi la condition obligée pour penser des contestations et des stratégies de résistance aux dictatures, à la domination autant

---

1. C'est l'idée qui sous-tend la « Charte de la compassion », lancée par Karen Armstrong, développant cette idée de l'ordre du cœur comme exigence de la finalité de justice. Le « groupe des sages », dont je suis membre, s'est réuni en février 2009 à Genève dans le but de finaliser les termes de cette charte, et le public a été convié à réagir et à écrire.

qu'aux discriminations qui ne soient pas ponctuelles, chaotiques, en ne s'appuyant sur aucune vision et en n'ayant déterminé aucune priorité ni étape. Il est urgent qu'au cours de cette maturation les musulmans ne laissent pas le champ libre aux voix les plus radicales qui monopolisent les médias et les attentions. Avec leurs concitoyens, et pour leurs concitoyens, ils doivent faire entendre la voix, et la voie, de l'assurance, de la pondération et de la rationalité critique, mais aussi de la sagesse, de l'amour et du pardon : rester soi, refuser de devenir les « Arabes de service » ou les « musulmans de service », diffuser un discours serein, nuancé, critique, généreux en période de crise et de tension, ainsi qu'un propos ferme et contestataire chaque fois que des femmes ou des hommes, musulmans ou non, trahissent les valeurs universelles de dignité, de liberté et de justice. L'exigence de justice et le don d'amour.

16

L'OCCIDENT ET SON MIROIR : UN NOUVEAU « NOUS[1] »

Les sociétés occidentales ont changé et le processus est irréversible. Les citoyens de confession musulmane se sont installés, vont continuer à le faire, et la survie économique de l'Europe, comme d'ailleurs celle du Canada, des États-Unis, de l'Australie ou de la Nouvelle-Zélande, dépend en sus des futures immigrations. Quelle que soit la nature des résistances culturelles et religieuses aujourd'hui, il faut regarder objectivement la réalité et les besoins et gérer au mieux les défis qui se présentent à nous. Les discours et les politiques qui instrumentalisent la peur et jouent sur la polarisation

1. Voir annexe 2, « Manifeste pour un nouveau "Nous" », p. 195.

pour gagner des élections peuvent bien attirer les citoyens troublés et anxieux sur le court terme, mais ils sont dangereux, inopérants et, au fond, trompeurs et mensongers sur le long terme. Les sociétés occidentales doivent se regarder en face, prendre acte des changements qui les traversent et construire un nouvel avenir qui ne soit pas simplement imposé par l'impératif économique, mais qui s'appuie également sur une volonté politique déterminée, un projet de société, une vraie « philosophie du pluralisme[1] » et un regard lucide sur la diversité des cultures, l'interculturalité et la pluralité religieuse. Il s'agit là d'un impératif catégorique : sans une politique volontariste destinée à gérer la diversité culturelle et religieuse au sein des sociétés démocratiques, ce sont les principes mêmes de la démocratie qui seront en danger et, avec eux, les acquis fondamentaux du pluralisme politique dont l'Occident, très justement, se prévaut. Il est clairement question de sauver l'âme de l'Europe ou simplement de lui en octroyer une selon l'intitulé du programme de l'Union européenne auquel j'avais participé il y a plusieurs années[2] sous le patronage

1. C'est le sous-titre de mon ouvrage *L'Autre en nous, op. cit.*

2. Le projet-programme s'intitulait justement : « Donner une âme à l'Europe ».

de Jacques Delors, alors président de la Commission européenne.

Face à ce miroir, le premier défi consiste à éviter les confusions. Au-delà des perceptions et des imaginaires, il faut circonscrire plus précisément la nature des problèmes et s'en tenir plus rigoureusement aux faits et aux chiffres. Il y a des questions religieuses et culturelles qu'il faut considérer comme telles. Il y a d'autres défis qui sont, nous l'avons dit, de nature socio-économique, et il importe de ne pas les confondre avec les premiers, même si la majorité des personnes touchées provient d'une immigration récente ou est musulmane. L'intersection et/ou le cumul des facteurs (culture, religion et marginalisation sociale) ne signifie pas leur similarité : je l'ai dit, des politiques sociales doivent régler les problèmes sociaux et celles-ci sont distinctes des politiques de gestion de la diversité culturelle et religieuse. Les premières aideront forcément les secondes (et vice versa), mais elles ne sont pas identiques et il ne faut pas confondre les ordres. Il convient, de plus, de ne pas mélanger les questions (intérieures) avec les questions de l'immigration qui exigent une réflexion approfondie et des politiques, sur le long terme, justes et raisonnables. Des femmes et des hommes fuient la misère, l'Occident a besoin de main-d'œuvre : comment, au-delà des peurs, respecter la dignité des êtres humains en ne les transformant pas en criminels et en clandestins alors que les prévisions les plus objectives nous informent que nous aurons besoin d'eux ? Allons-nous respecter scrupuleusement nos principes et les droits humains ou alors accepter, en fermant les yeux, la naissance d'un nouvel esclavagisme moderne qui ne dit pas son nom, en poussant dans la clandestinité des travailleurs souvent sans-papiers, qui vont être exploités, parfois poussés à la prostitution, au travail « au noir », et recevant des salaires indignes ?

Cette distinction (et déconstruction) des problèmes est de nature à clarifier les questions et les enjeux. Il faut ajouter à cela que les faits et les chiffres sont là pour apaiser les craintes. Les pays dont l'immigration, notamment musulmane, est la plus récente devraient observer ce qui se passe en France ou en Grande-Bretagne où l'installation est plus ancienne : loin des effets médiatiques (parce que les médias, par essence, s'intéressent aux problèmes et aux crises) ou des instrumentalisations politiciennes, la quasi-totalité des citoyens de confession musulmane – je l'ai dit et il faut le marteler – respectent la loi, parlent la langue du pays et s'engagent dans leur société (sur les plans intellectuel, social, politique, culturel, artistique et sportif, etc.[1]). Certes, ils peuvent vivre des tensions ou, en temps de crise, exprimer des sentiments de mal-être ou avoir des réactions émotives qui orientent jusqu'à la nature de leurs réponses selon la teneur parfois tendancieuse des questions qu'on leur pose[2] ; mais les faits parlent d'eux-mêmes et prouvent que les choses évoluent vite et positivement. Ce qui ne veut pas dire que les perceptions suivent : une étude de mon collègue à l'université d'Erasmus à Rotterdam, le professeur Han Entzinger, effectuée sur les populations marocaines et turques, prouve que, sur la plupart des paramètres évaluant les processus d'intégration[3], les

1. C'est ce que j'ai appelé les trois « L » que les citoyens de confession musulmane ont désormais acquis : maîtrise de la *langue* nationale, respect de la *loi*, et *loyauté* (même) critique à l'égard de leur société.
2. Dont celles évoquées plus haut : qu'êtes-vous d'abord ?... afin de tester leur loyauté.
3. À l'exception, notable et paradoxale, de l'acquisition de la langue : il semblerait que la nature des exigences quant à la maîtrise de la langue (sur le marché de l'emploi) est plus élevée au moment où les jeunes prennent conscience des difficultés qui les attendent pour obtenir un travail. Les phénomènes cumulés de l'exigence et de la désaffection sembleraient, selon les indices du rapport, expliquer cette régression qui ne se confirme néanmoins pas dans tous les pays. Le rapport est en néerlandais et sera bientôt publié (tout ou partie) en anglais.

acquis sont considérables. L'installation se passe objectivement bien, et de mieux en mieux. Ce constat positif est doublé d'un constat exactement opposé sur le plan des perceptions : les populations ont le sentiment que les jeunes ne s'intègrent pas, que le fossé augmente entre les communautés, que l'islam est effectivement un problème. L'« intégration » avance avec ce paradoxe troublant : le sentiment d'« insécurité » et la méfiance au cœur de la société plurielle augmentent et se répandent concomitamment.

Le miroir déformant des médias (qui focalisent sur les discours les plus extrêmes et les situations les plus critiques) avec les instrumentalisations des partis politiques populistes et, enfin, les crises à répétition : tout concourt à entretenir les peurs et la polarisation. Les provocations des uns et les propos excessifs des autres ne sont pas de nature à calmer l'atmosphère : les attaques terroristes et la violence d'un côté, les caricatures danoises, les propos du pape, les déclarations excessives d'ex-musulmans ou encore les films « anti-islamiques », d'Ayan Hirsi Ali à Geert Wilders, continueront, pour un temps encore, à alimenter les peurs, les rejets mutuels et les préjugés. La route sera longue et il ne faudra pas moins de deux générations pour dépasser ces tensions. Pour aller au-delà de la crainte et construire l'avenir, il faut pourtant commencer à préparer dès maintenant le terrain et se donner les moyens de la confiance. Il s'agit effectivement d'opérer une véritable révolution de confiance pour résister à l'évolution de la méfiance dans nos sociétés. J'ai mis en évidence un certain nombre de mesures impératives (politiques éducatives et sociales, lutte contre les discriminations, participation politique, etc.) mais c'est surtout sur le plan local que les acquis s'accumuleront et que le succès peut être possible. Nous avons besoin de mouvements nationaux d'initiatives locales qui, au-delà de la courte vue des élections, pensent et construisent sur le long terme.

C'est au niveau local que nous pouvons développer un sens plus approfondi et concret de l'appartenance plurielle, créative et critique : un nouveau « Nous », comme je l'ai appelé il y a cinq ans et qui s'est matérialisé par l'écriture d'un *Manifeste pour un nouveau « Nous »* en 2006[1]. Nos sociétés ont effectivement besoin de l'émergence d'un nouveau « Nous ». Un « Nous » qui réunisse des femmes et des hommes, des citoyens de toute religion ou sans religion, et qui

1. Voir annexe 2, « Manifeste pour un nouveau "Nous" », p. 195.

s'engagent, ensemble, contre les contradictions de leur société, contre le racisme et les discriminations de toutes sortes ou les atteintes à la dignité humaine, et pour le droit au travail, à l'habitat, au respect. « Nous » représente désormais ce rassemblement et cette dynamique de citoyens, confiants en leurs valeurs, défenseurs du pluralisme de leur commune société, respectueux des identités plurielles et qui désirent se battre au nom de leurs idéaux partagés, au cœur de leur société. Citoyens ou résidents, loyaux et critiques, ils s'engagent ensemble : face à l'émotion et aux réactions épidermiques et sectaires, voire hystériques, ils s'imposent la rationalité, le dialogue exigeant, l'écoute et l'approche raisonnable des questions sociales complexes et difficiles. Je l'ai dit et je le répète : c'est au niveau local que se joue l'avenir pluriel des sociétés occidentales. Il est urgent de mettre en place des initiatives locales où des femmes et des hommes de différentes religions, cultures et sensibilités créent des espaces de connaissance mutuelle, d'engagement en commun : des espaces de confiance. Ce sont les projets communs qui doivent désormais les réunir et donner naissance *pratiquement* à ce nouveau « Nous » citoyen. Certes, les dialogues « interculturels » ou « interreligieux » sont importants et nécessaires, mais ils ne pourront être aussi efficaces que l'engagement commun sur tous les dossiers prioritaires : l'éducation, les fractures sociales, l'insécurité, les racismes, les discriminations, etc. Les gouvernements et les autorités locales ont une responsabilité majeure dans ce processus, mais ce sont finalement les citoyens qui doivent mettre en branle une dynamique qui promeuve la connaissance, le respect et la confiance – autant de résistances directes ou indirectes aux tentations sectaires.

17

CRITIQUES ET OPPOSITIONS[1]

Comme je l'ai dit, cela fait des années que je tiens ce discours. Les critiques, d'abord en France (et surtout en France), puis relayées par certains milieux francophiles ou courants idéologiques, ont créé un halo de controverse relative autour de ma personne et de mon engagement. Les liens sur Internet et les articles sur les blogs se sont multipliés : dans la masse des « informations » et des critiques qui circulent, il n'est pas toujours facile d'identifier le nombre

1. Il ne faut pas oublier ici de mentionner les écrits des nouveaux « experts en terrorisme » qui n'ont de cesse d'entretenir les doutes, d'alimenter les rumeurs sur de possibles connexions, sans jamais vraiment prouver leurs hypothétiques conclusions. C'est le moyen pour eux de continuer à donner des « avis autorisés » sur « la nébuleuse terroriste » et de gagner un peu d'argent.

des redites et des allégations reprises ici et là qui donnent l'impression que les faits rapportés peuvent apporter quelque vérité alors que, le plus souvent, l'on a affaire à des « répétitions à hautes fréquences » que l'on ne prend pas le temps de vérifier ou de soumettre à l'étude critique. On a vite fait, de surcroît, d'affirmer qu'il n'y a pas de fumée sans feu et que derrière ces critiques, ces propos rapportés, ces rumeurs, il doit bien y avoir quelque chose de vrai. « Il n'y a pas de fumée sans feu », confirme l'adage.

Peut-être faudrait-il prendre le temps de remonter à ce feu ou à ces feux qui dégagent tant de fumée autour de mon travail et de mon engagement au point de le parasiter – et parfois de le rendre inaudible – par tant de suspicions. Quels sont ceux que ce discours dérange tant et qui s'époumonent à constamment raviver « le feu » de la controverse pour désorienter le citoyen ordinaire ? Quelle idéologie et/ou quels intérêts défendent-ils, avant de s'intéresser à mon discours et à mon engagement ? Les fronts sont multiples, les critiques diverses, mais les campagnes qui me transforment en « intellectuel controversé » ont une certaine logique et répondent à des intérêts bien compris. Il est intéressant de s'y arrêter quelque peu.

Laïques très dogmatiques

Lors de mes premiers débats en France, il apparaissait clairement que le front de certaines tendances « laïques » était en première ligne. Pour ses idéologues et ses défenseurs, la nouvelle présence des musulmans et de leurs penseurs réveillait les anciens démons du « retour de la religion ». La France, en effet, a un double problème. D'une part, un contentieux historique avec « la religion », et surtout le catholicisme, qui a pour conséquence que tout débat sur la religion est vite connoté, passionné et excessif. D'autre part, l'expérience coloniale en Algérie a été douloureuse et le passif avec les anciens colonisés, les musulmans et l'islam n'est toujours pas réglé. C'est dans cette atmosphère que le débat sur l'islam s'est enflammé à la fin des années 1980 autour de la question du « voile islamique ». On a entendu certains idéologues très sectaires de la laïcité transformer celle-ci en une nouvelle religion et ses principes en dogmes, en faisant dire aux textes de lois ce qu'ils ne disaient pas (en refusant, ou en niant parfois, ce que ces textes disaient ou permettaient). D'abord trompé par ces discours idéologiques et dogmatiques, j'ai étudié les textes de lois, rencontré et débattu avec les plus grands spécialistes français (Jean Boussinesq, Émile Poulat, Jean Baubérot entre autres) et participé pendant plusieurs années à la commission *Laïcité et Islam* de la Ligue française de l'enseignement[1], avec des acteurs tels que Michel Morineau et Pierre Tournemire. J'ai alors compris que rien dans la laïcité ne s'opposait à une pratique libre et autonome de l'islam. Depuis, j'appelle en France à l'application stricte de la loi sur la laïcité (1905), dans sa lettre et son esprit, de façon égalitaire pour tous les citoyens, musulmans ou non. C'était la thèse même des spécialistes susmentionnés de la laïcité, de la Ligue française de l'enseignement comme de la Ligue française des droits de l'homme. Pour les idéologues d'une certaine forme de laïcité sectaire (et eux-mêmes « fondamentalistes », selon l'expression de Jean Baubérot), confondue avec le rejet (et l'espoir de disparition) du religieux, ma position est insoutenable et dangereuse. Leur propre dogmatisme laïque, et l'athéisme militant de certains, s'acharne à vouloir montrer que cette position « cache quelque chose » et qu'il s'agit encore d'un « religieux » colonisateur qui avance masqué.

1. Institution de référence concernant la mémoire et les principes de la laïcité française.

La surdité est à son comble et il est devenu impossible de participer à un débat raisonnable avec certains milieux laïques qui entretiennent la suspicion vis-à-vis des musulmans et tentent de répandre leurs doutes à toute l'Europe, voire à l'Occident, par l'intermédiaire des institutions européennes et internationales notamment. Une simple formule de bon sens, que je ne cesse de répéter, du type « Il est anti-islamique d'imposer le foulard à une femme et c'est une atteinte aux droits de l'homme que de lui imposer de l'enlever », est inaudible en France alors qu'elle reçoit un accueil ouvert et serein dans tous les autres pays occidentaux. Il ne faut pourtant pas minimiser l'importance de l'influence française dans les débats sur l'islam en Europe et en Occident. Des politiciens comme des intellectuels d'une idéologie de la laïcité (soit antireligieuse soit « anti-islamique » par définition) tentent d'élargir leur zone d'influence et trouvent un certain nombre de relais à travers le monde, dans les médias comme chez certains intellectuels ou partis politiques.

L'extrême droite

La nouvelle présence musulmane en Occident (issue de l'immigration entre les deux guerres puis essentiellement après la Seconde Guerre mondiale) a bien sûr été l'objet de la critique des partis les plus nationalistes, les plus chauvins, et parfois clairement racistes. Je l'ai dit, la présence de plus en plus visible des jeunes générations de musulmans à travers l'Occident, l'immigration continue, ajoutées à la crise d'identité et de confiance des États-Nations au cœur de la mondialisation, avaient tout pour devenir la cible des populistes d'extrême droite dénonçant le danger de la présence étrangère. Hier, il s'agissait ici et là, au cœur même du continent, des Italiens, des Espagnols, des Portugais, des Polonais, des Noirs, etc. De plus en plus, on a commencé à parler des Arabes, des Pakistanais, des Turcs, des Bosniaques, voire des Kosovars et des Albanais, pour les assimiler à « l'islam » et aux « musulmans », mettant en danger l'identité et l'homogénéité de la « culture occidentale et européenne » gréco-romaine et judéo-chrétienne[1].

Ce qui est troublant aujourd'hui tient au fait que ce qui, hier, était dit exclusivement par les

1. L'appellation « judéo-chrétien » est récente dans le vocabulaire philosophique. Il aurait été impossible de la poser en ces termes pendant la Seconde Guerre mondiale. Il s'agit d'une construction idéologique *a posteriori*.

politiciens et les intellectuels d'extrême droite s'est aujourd'hui normalisé dans le discours des autres partis plus traditionnels, de droite comme de gauche. Des propos sur l'immigration, l'assimilation, le caractère « non intégrable » des musulmans, l'incompatibilité des valeurs ou des « cultures », l'essentialisme dans la représentation du « musulman » sont autant de références et de clichés qui tiennent souvent du racisme et rappellent parfois les périodes les plus sombres de l'histoire de l'Occident. Ce qui, hier, était dit à propos des juifs (double discours, double loyauté et les connexions obscures de « l'internationale juive ») est reproduit dans des termes presque similaires vis-à-vis des musulmans. La comparaison est particulièrement troublante, et ce qui choque, c'est l'ampleur et le caractère « transversal » de ce discours qui transcende désormais les appartenances idéologiques et politiques. En mal de politiques sociales novatrices et efficaces, de nombreux partis n'hésitent pas, en période électorale notamment, à jouer sur les peurs et la fibre populiste, à livrer des discours fermés sur l'« identité nationale » et « la sécurité », et à tenir des propos très tendancieux sur l'immigré, l'étranger, ou plus franchement les musulmans et leurs pratiques.

Certains courants féministes

De nombreux courants féministes ont été originellement très proches des milieux chrétiens progressistes. D'autres se sont caractérisés par leur opposition déterminée à la religion perçue comme intrinsèquement productrice d'un discours patriarcal et discriminant à l'égard des femmes. Dans d'anciens milieux communistes ou socialistes, le féminisme était naturellement associé à la critique radicale de la religion (essentiellement chrétienne) qui entretenait une image négative de la femme, renforçait les inégalités et s'opposait à la libération des femmes en interdisant la contraception et l'avortement notamment.

La nouvelle présence des musulmans, ainsi que la visibilité de la tenue vestimentaire des musulmanes portant le foulard, a exacerbé les craintes du retour du religieux forcément opposé aux femmes, à leur statut et à leur autonomie. Si, durant le Moyen Âge, de la Renaissance jusqu'au XVIIIe siècle, on avait entretenu l'idée que l'islam et les musulmans avaient un goût particulier pour la sensualité et la « licence sexuelle », à l'image de l'univers oriental stéréotypé des *Mille et Une Nuits*, voilà que les colonisations et l'époque postcoloniale nous offrent l'image exactement opposée d'une religion fruste, rigide, opposée aux corps des femmes et aux plaisirs. Dans les deux séquences historiques, on remarquera que l'islam est toujours dessiné sous les traits de « l'autre », du « différent », de « l'antithèse ». L'Occident chrétien conservateur dessine un islam licencieux et permissif ; l'Occident moderne et libre s'offre la caricature d'un islam de l'interdit et de l'oppression sexuelle.

Les organisations féministes se sont scindées à travers l'Occident. Certains courants ont établi des liens avec des organisations musulmanes (en Europe, au Canada, en Australie, aux États-Unis, mais aussi dans les sociétés majoritairement musulmanes) et estiment qu'il est possible de trouver des points communs entre leur engagement et celui de la lutte des femmes qui veulent rester musulmanes et qui se battent, à l'intérieur de l'islam, pour faire avancer leurs causes contre les interprétations littéralistes et/ou culturelles. D'autres ne peuvent concevoir de telles alliances et établissent leur combat féministe exclusivement avec des « ex-musulmanes », ou tout simplement contre l'islam considéré comme intrinsèquement discriminatoire… comme toutes les religions ou peut-être un peu plus. L'idée qu'une femme puisse se libérer dans et par l'islam, comme je le suggère depuis des années, est tout simplement un non-sens à leurs yeux et celles et ceux qui propagent une telle idée sont forcément des manipulateurs. La lutte des femmes musulmanes ou le « féminisme islamique » est, pour ces « féministes occidentales » (qui pensent souvent détenir de fait le monopole des valeurs et du féminisme universels), une tromperie. Elles s'efforcent de jeter le discrédit sur tout discours qui irait dans ce sens : le foulard islamique ne peut être qu'un symbole de l'oppression masculine et le seul féminisme vrai et légitime est celui qu'ont développé les féministes occidentales. L'eurocentrisme est patent et, avec l'ironie de la terminologie, la tentation paternaliste visible.

Quelques courants homosexuels

On trouve dans les organisations homosexuelles les mêmes appréhensions vis-à-vis des religions en général que celles que l'on peut observer dans certains milieux laïques et féministes. Les religions condamnent majoritairement l'homosexualité, et le retour du religieux, notamment de l'islam, signifierait la réapparition de discours de condamnation, de rejet ou de l'homophobie passive et active. On a vu naître ces dernières années de véritables lobbies d'organisations d'homosexuels et de lesbiennes qui intervenaient au niveau politique comme au niveau médiatique pour dénoncer la réalité de l'homophobie dans les milieux islamiques, notamment dans les livres et les discours présents en Occident (et en Orient) et pointer du doigt le danger résidant dans les principes mêmes de la religion musulmane. La capacité de l'islam et des musulmans à « se moderniser » dépendra, selon eux, de leur capacité à accepter et à ne pas condamner l'homosexualité. Il s'agit pour certains d'attendre des musulmans qu'ils reconnaissent le bien-fondé des mariages homosexuels, de l'adoption et d'accepter, le cas échéant, qu'un imam puisse être homosexuel. La véritable intégration des musulmans est à ce prix et tout autre discours devra être tenu pour forcément suspect.

Il existe bien sûr des discours de condamnation et d'autres explicitement homophobes au sein des sociétés majoritairement musulmanes et parmi les individus installés en Occident. Il serait faux de le nier. Cela étant, les approches sont diverses et il est important de relever les différentes positions parmi les musulmans. Depuis des années, je répète que l'islam ne promeut pas l'homosexualité (le principe en est rejeté puisqu'il ne correspond pas au projet divin établi pour les êtres humains), mais que cela ne m'empêche pas d'avoir une position claire : le fait de ne pas partager les opinions et les actions des homosexuels, quant à leur sexualité, ne m'empêche pas de respecter ce qu'ils sont. C'est d'ailleurs ce que chacun d'entre nous doit attendre de ses semblables : le respect de l'être, même s'il existe un désaccord sur la croyance et/ou le comportement. Si j'ai des réserves sur le mariage homosexuel ou sur l'adoption d'enfants par des couples homosexuels, je n'hésite pas à lutter contre les discours et les mesures homophobes dont ces derniers pourraient être les victimes et à m'engager à leurs côtés dans toutes les causes communes. Certaines organisations homosexuelles trouvent ce discours encore trop « conservateur », dangereux par son apparente ouverture, et elles ne voient qu'un seul avenir possible pour la coexistence avec les musulmans : promouvoir et s'allier avec des associations musulmanes d'homosexuels et de lesbiennes. Les savants et les musulmans qui respectent l'être sans promouvoir le comportement sexuel ne vont pas assez loin aux yeux de leur militantisme maximaliste et souvent bien intransigeant.

Les milieux pro-israéliens et néoconservateurs

Le conflit israélo-palestinien est central et sa portée est désormais globale. Deux phénomènes liés à la situation au Moyen-Orient sont apparus ces dernières années et ont une importance majeure dans l'installation des musulmans en Occident. Il importe de les identifier et d'en prendre la mesure réelle. Il y a d'abord ce que l'on a appelé la montée du « nouvel antisémitisme » qui ne serait plus le fait des partis d'extrême droite, mais des nouveaux citoyens ou résidents arabes, asiatiques, turcs et musulmans. Des organisations et des intellectuels juifs ont dénoncé en France, en Allemagne, en Angleterre, en Australie, au Canada et aux États-Unis l'émergence de ce phénomène en stigmatisant parfois les populations musulmanes vivant en Occident. La présence des nouveaux citoyens musulmans a également vu apparaître un discours de plus en plus critique vis-à-vis de la politique de l'État israélien et de son traitement envers la population palestinienne. De plus en plus d'intellectuels et de leaders associatifs d'origine arabe, africaine et asiatique (majoritairement musulmans mais pas exclusivement) ont développé une réflexion concernant les gouvernements israéliens successifs et ont rejoint des mouvements politiques (de gauche, d'extrême gauche ou altermondialiste, mais également de droite et de centre droit) critiquant la politique israélienne.

La présence musulmane a donc été décrite par certaines organisations ou intellectuels (juifs et non-juifs) comme un danger quant à la renaissance des vieux démons de l'antisémitisme en Occident. D'autres ont ajouté à cette menace celle d'un « islamo-gauchisme » anti-israélien en affirmant que ce dernier révélait sa nature profondément antisémite.

Je fus parmi les premiers, dès 1992, à m'opposer à l'antisémitisme parmi les musulmans, en affirmant que « l'antisémitisme était par essence anti-islamique » et qu'il fallait dénoncer les dérives que l'on trouvait dans certains discours musulmans justifiant le rejet des juifs par l'oppression perpétrée par les gouvernements israéliens. Dans le même temps, j'ai décidé de ne pas me taire et de refuser toute forme de chantage : critiquer Israël et ses politiques de colonisation continue, d'annexions et d'oppression n'est pas de l'antisémitisme, de même que critiquer le gouvernement d'Arabie saoudite n'a rien à voir avec l'islamophobie. Il faut distinguer les choses : il s'agit de refuser l'antisémitisme sous toutes ses formes mais d'établir une critique claire et nécessaire de la politique israélienne. C'est le sens même des principes du Mouvement global de résistance non-violente[1] que nous avons lancé avec des intellectuels et des organisations (de tous bords politiques et confessionnels) à travers le monde à la suite de l'offensive contre Gaza en décembre 2008 : un refus déterminé de toutes les injustices d'une part et une opposition sans faille à tous les racismes d'autre part.

Ce discours est considéré comme dangereux par tous les défenseurs inconditionnels d'Israël et de sa politique. Pour que la critique ne soit pas entendue, le plus simple est d'entretenir le soupçon d'antisémitisme envers tous ceux qui remettent en cause la politique israélienne. Nous sommes nombreux à avoir subi les foudres et les manipulations de certains lobbies pro-israéliens. En 2003, j'ai dévoilé les manœuvres de quelques intellectuels (juifs et non-juifs) dénonçant le

1. Voir le site qui expose la philosophie du mouvement et les caractéristiques des synergies à mettre en place.

nouvel antisémitisme en stigmatisant ses nouveaux promoteurs, « les Arabes », les « Asiatiques » et plus généralement « les musulmans ». J'ai aussi affirmé que l'influence des lobbies pro-israéliens était importante quant à la promotion de la guerre en Irak, en Europe comme aux États-Unis[1], et que cela était en soi problématique et dangereux. Il aurait aussi certainement fallu parler de l'influence considérable des chrétiens évangélistes sionistes. Quoi qu'il en soit, cette double prise de position m'a valu une campagne de dénigrement en France et aux États-Unis (puis en Europe à cause de la campagne française) où je fus présenté comme un « antisémite » niant l'existence d'Israël ou voulant sa destruction. Ces prises de position m'ont également valu de voir mon visa pour les États-Unis révoqué neuf jours avant d'aller m'installer définitivement dans l'Indiana, afin d'occuper un double poste de professeur permanent à l'université de Notre-Dame[2].

---

1. C'est ce qu'ont montré John J. Mearsheimer et Stephen M. Walt dans leur étude : *The Israël Lobby and U.S. Foreign Policy,* éditions Farrar, Straus and Giroux, 2007.
2. Après deux ans d'attente et une procédure en justice afin de connaître la raison de la révocation de mon visa, le Département du Homeland Security a affirmé que j'avais

Au-delà de ces péripéties, il faut retenir la réalité du climat général et des jeux politiques et politiciens : de nombreux lobbies israéliens s'activent à répandre la suspicion sur la présence musulmane (notamment en Europe) – potentiellement antisémite – et cherchent à associer toutes les critiques d'intellectuels arabes et musulmans (mais aussi chrétiens) vis-à-vis de la politique d'Israël à ce même antisémitisme dangereux. On a vu des Israéliens et des juifs dénoncer ce jeu malsain, mais ils marchent à

donné de l'argent à une organisation palestinienne alors que « j'aurais raisonnablement dû savoir » (« *you should reasonably have known* ») que celle-ci « était liée au mouvement terroriste Hamas ». Or, non seulement cette organisation n'est pas – jusqu'à aujourd'hui – sur une quelconque liste noire en Europe (où je vis), mais j'ai remis environ 700 euros à cette organisation entre 1998 et 2002, un an avant qu'elle soit sur une liste noire aux États-Unis. J'aurais donc « raisonnablement dû savoir » une année avant le Département du Homeland Security que celle-ci allait être suspectée ! Le ridicule ne tue pas, surtout quand on apprend que ces décisions, totalement absurdes et arbitraires, sont rétroactives ! Il faut ajouter que 80 % des questions auxquelles j'ai eu droit lors de mes deux entretiens à l'ambassade américaine des États-Unis en Suisse concernaient mes positions sur la guerre en Irak et la résistance palestinienne. J'y ai répété que ces résistances sont légitimes, même si je m'oppose aux moyens utilisés (tuer des innocents ne peut se justifier).

contre-courant et se sont fait eux-mêmes traiter de juifs nourrissant « la haine de soi ».

Certains États arabes et… occidentaux

Le tableau ne serait pas complet si l'on oubliait le jeu joué par certains gouvernements arabes. Ces derniers ont également très peur de toutes les voix qui, installées en Occident, peuvent faire la critique de la dictature, du manque de démocratie, de l'absence des sociétés civiles, de la torture et de l'oppression des populations. Des États comme l'Arabie saoudite, l'Égypte, la Syrie, la Tunisie ou l'Algérie (et tant d'autres) n'ont de cesse d'intervenir par des voies directement politiques ou diplomatiques pour jeter le discrédit sur les savants, les intellectuels ou les leaders musulmans qui les critiquent. Ceux-ci seraient forcément des femmes et des hommes dangereux, liés à l'islamisme (radical ou pas) et se présentant comme des démocrates. Ces États ont tout intérêt à jeter un voile de suspicion sur des personnalités qui pourraient être entendues en Occident puisque leur installation est acquise dans les démocraties, qu'ils sont libres et qu'il ne leur est plus nécessaire de « rentrer au pays ».

Le travail de surveillance des ambassades étrangères, d'informations sur des soi-disant « suspects » ou encore des « rumeurs » sur la fiabilité et la loyauté de tel ou tel acteur associatif ou intellectuel sont monnaie courante et c'est là le lot quotidien de nombreux citoyens européens engagés dans les associations musulmanes. Avec le temps, les gouvernements occidentaux seront forcément moins dépendants des sources d'informations étrangères mais, pour l'heure, les États arabes « très démocratiques » continuent d'entretenir la rumeur et le soupçon vis-à-vis de leurs opposants installés à l'étranger, et les dirigeants occidentaux (ainsi que certains journalistes régulièrement invités à des dîners de presse) reçoivent ces informations utiles et « de première main ».

Il faut ajouter que certains gouvernements occidentaux ne sont eux-mêmes pas très heureux de voir leurs citoyens et résidents musulmans critiquer la duplicité de leurs politiques quand ils parlent de démocratie et n'hésitent pas à collaborer avec les pires dictatures si elles sont riches ou intéressantes « géostratégiquement ». Entretenir le soupçon sur l'engagement de ces intellectuels et de ces leaders musulmans et sur leurs intentions est également de nature à minimiser la portée de leurs critiques politiques internes. Il existe là une alliance objective d'intérêts bien compris entre certains États arabes et asiatiques autocratiques et des gouvernements occidentaux qui collaborent avec eux, et ce en contradiction totale avec les valeurs que ces derniers affirment défendre et promouvoir (droits de l'homme, démocratie, etc.).

Certains groupes salafî et quelques « ex-musulmans »

Il importe de ne pas oublier les obstacles et les critiques qui proviennent de l'intérieur des communautés musulmanes en Occident et leur potentielle instrumentalisation. En effet, le tableau se complexifie, d'autant plus quand on prend la mesure des tensions et des divisions internes qui sont loin de clarifier les choses et qui peuvent, politiquement, être exploitées dans un sens ou dans l'autre.

Ainsi, on voit des groupes *salafî* littéralistes ou des mouvements très traditionalistes éviter en général de s'impliquer en politique tout en élaborant un discours théologique souvent très dur vis-à-vis des mouvements réformistes et/ou islamistes. Certains de ces groupes *salafî* littéralistes soutiennent des États comme l'Arabie saoudite, convaincus qu'il faut respecter l'autorité de gouvernements qui, selon eux, « appliquent l'islam ». Religieusement sincères sans doute, ils sont d'une naïveté politique autant abyssale que dangereuse. Ces groupes peuvent, eux-mêmes ou leurs propos critiques, être instrumentalisés en Occident pour jeter la suspicion ou le discrédit sur d'autres tendances. En d'autres lieux et circonstances douloureuses, nous avons observé ce jeu d'alliances tout à fait singulier avec les talibans : utiles pour un temps aux desseins américains en Afghanistan, ils sont devenus les ennemis de tous dès que l'administration Bush en a décidé autrement[1]. Ces exploitations stratégiques existent, à un autre niveau, dans les sociétés occidentales où des leaders musulmans ou des gouvernements exploitent à dessein ces divisions et la naïveté politique de certains.

Il faut ajouter l'engagement et les critiques de celles et ceux qui se présentent encore comme musulmans, « musulmans de culture » ou alors « ex-musulmans », et dont l'appartenance, présente ou ancienne, à l'islam donne une certaine

1. Les informations concordent prouvant que l'intervention américaine en Afghanistan était déjà pensée avant les attentats du 11 septembre 2001.

crédibilité à leurs propos. Certains ont vécu des expériences difficiles à l'intérieur des sociétés ou des communautés musulmanes, d'autres ont été d'anciens radicaux ou extrémistes violents, d'autres enfin viennent de sociétés majoritairement musulmanes et affirment connaître « de l'intérieur » la vraie nature des problèmes. Il ne fait aucun doute que certaines de leurs critiques sont justifiées et pertinentes et il faut y répondre. Ce qui, pourtant, est une évidence aujourd'hui est l'exploitation de « ces discours de l'intérieur », censés prouver le danger de l'islam, la duplicité de certains musulmans ou encore des ramifications secrètes de « la tentaculaire internationale islamiste ». Volontairement ou non (et souvent en totale connaissance de cause), ces « musulmans modérés » ou ces « ex-musulmans » (qui y gagnent la reconnaissance, la célébrité et quelques avantages financiers) jouent le jeu de certains gouvernements ou s'allient à des intellectuels prétendument « neutres » idéologiquement pour entretenir les suspicions et confirmer les doutes vis-à-vis de l'islam ou de certains savants ou intellectuels musulmans.

Si des musulmans le disent, cela doit être vrai ! Encore une fois, il ne s'agit pas d'affirmer que toutes leurs critiques sont infondées, mais d'être tout à fait conscients de la potentielle exploitation politique de leurs propos : d'aucuns parmi ces musulmans ou « ex-musulmans[1] » ont compris, de surcroît, qu'il leur suffisait de répéter ce que d'autres avaient envie d'entendre, se prêtant ainsi à ce jeu avec quelque complaisance.

On le voit, le front des critiques est multiple et très diversifié. Quand on aborde un intellectuel présenté comme « controversé » et que l'on prend acte de la somme de critiques qui semblent venir de toutes parts, il est normal que cela jette un doute, que l'on nourrisse quelque suspicion. Il faut néanmoins aller plus loin et non pas seulement questionner la cible, mais analyser aussi les dispositions idéologiques et les intentions des différentes sources qui produisent ces critiques, entretiennent des rumeurs et répètent les allégations. On cesse alors d'être naïfs. Encore une fois, il ne s'agit pas de condamner certaines interrogations nécessaires et pertinentes, mais il ne peut

1. Il importe de rappeler ici que certains musulmans dits « libéraux » n'hésitent pas à soutenir des dictateurs : être « libéral » religieusement ne signifie pas être « démocrate » politiquement. Le public occidental est souvent trompé sur cette question : de nombreux intellectuels tunisiens se présentent ainsi comme des libéraux du point de vue religieux, mais se rangent du côté de la dictature sur le plan politique. Les exemples sont légion.

être question d'entretenir une naïveté politique qui empêche le débat, rend sourd aux arguments et signifie surtout le lent délitement de nos espaces démocratiques et de nos capacités respectives d'échanges constructifs et féconds. Il faut donc regarder à deux fois les « feux » qui dégagent d'épaisses fumées rarement innocentes, souvent stratégiques. Il importe de les connaître, de les identifier et, quand elles se cachent, mentent ou manipulent, de les dépasser. Quant à moi, je continue mon engagement, mes efforts de clarification et de communication, ma résistance face aux injustices, ma lutte contre les racismes, les mensonges politiques et les simplismes idéologiques. Je connais l'origine de certaines attaques et je sais également que ma route m'invite à les relativiser, voire à les négliger, avec détermination et sagesse. J'ai appris qu'il fallait dire « Paix ! » à ceux qui lancent des cris de haine contre votre être, votre présence ou sur votre passage. Pas toujours facile. C'est le sens de toutes les spiritualités, le profond *jihâd* du cœur et de l'intelligence… *Paix*, oui, avec force, tranquillité et dignité, à tous les instigateurs de mensonges, d'hypocrisies et de guerres.

Conclusion

Le lecteur a pu se rendre compte, au fil de ces lignes, que mes champs d'activités étaient multiples, complexes et souvent complémentaires. La pluralité des discours dans les différents domaines et ordres – au-delà des opposants et des critiques – a pu prêter à confusion. J'en suis conscient et j'ai eu souvent à clarifier ma situation et mon statut : en tant que religieux parmi les courants religieux ; en tant que réformiste ou conservateur ; en tant qu'Occidental ou citoyen de tel pays sur le plan politique, plutôt à gauche de l'échiquier politique ou au centre, etc. ? Certains commentateurs ont eu du mal à me situer et cela est compréhensible, compte tenu des différents sujets traités (religieux, culturels, sociaux, philosophiques et politiques, nationaux et internationaux) et de la complexité des questions abordées. C'est pourtant le propre d'un intellectuel engagé et il serait contradictoire que l'on attende d'un « intellectuel musulman » qu'il ne s'exprime que sur la religion musulmane. Ou de décider que sa qualité de « musulman » suffise à jeter le soupçon sur son engagement et son discours politiques, lesquels, forcément, ne sauraient être libres, autonomes et encore moins universalistes. L'intellectuel occidental musulman assumé est, somme toute, très gênant : il renvoie à la société occidentale un miroir de contradictions pas toujours digérées, ou alors il révèle par sa seule présence un eurocentrisme inconscient avec ses refoulements, ses blocages, voire ses traumas. J'ai pu parfois faire l'expérience, personnellement et en direct, de ce que ma présence dans certains débats de société – dont j'aurais sans doute dû être naturellement absent – pouvait provoquer de réactions crispées, obsessionnelles ou d'actes clairement manqués. J'ai vu des femmes et des hommes, intelligents et éduqués, jouissant d'une parfaite audition, devenir effectivement sourds… et tout à coup moins intelligents et parfois moins éduqués. La psychologie et la psychanalyse m'ont renseigné, avec une distance critique et parfois avec humour, sur ces transferts symboliques et ces déplacements de la sublimation négative.

Je reste néanmoins fondamentalement optimiste tout en sachant, je l'ai dit, que la route sera longue et qu'il est question de penser les évolutions et les progrès en termes de générations plus qu'en termes d'années. Les chantiers sont nombreux et il faut s'engager déjà, avec détermination et cohérence, à accélérer et à accompagner les processus de transformation. Je n'ai eu de cesse, depuis vingt ans, sur les plans académique et théorique, comme sur le terrain et de façon très pratique, d'essayer de proposer une vision, d'alimenter la réflexion et de tester des stratégies et des projets. Partout, en Occident, il faut mesurer les nombreux acquis et faire une évaluation sérieuse de l'état des lieux (pays par pays) et des défis qu'il reste encore à relever. Le présent ouvrage, en proposant quelques thèses, a aussi dessiné les horizons des engagements présents et futurs. C'est de cela qu'il faut discuter et débattre avec sérieux et sans passions mal placées ou émotivité excessive.

Le défi, je l'ai répété, est également psychologique. Il faut apprendre et réapprendre le sens de la confiance en soi et en autrui. Cela demande – à tous – des efforts importants : faire face à ses peurs, étudier, se remettre en question, se dire et se traduire, mais également écouter et sortir de soi, à la rencontre de l'autre. La confiance en soi et en l'autre exige de chacun une lucidité quant à ses propres troubles et une vraie quête quant à la connaissance et à la compréhension. Un effort qui est une résistance à ses propres peurs, à ses phobies et à ses méfiances pour atteindre un état de connaissance, de maîtrise, et de mieux-être, qui permettra d'accéder à un respect de soi et d'autrui. Pour tous, musulmans ou non, il s'agit d'un vrai *djihad*, au sens très exact de ce terme dans les références islamiques (effort et résistance), un *jihâd* de la confiance. C'est un travail quotidien, avec soi comme avec ses voisins, dans sa demeure comme dans son voisinage : la gestion du pluralisme des idées, des cultures et des religions est à ce prix si l'on veut donner une unité à la diversité ou simplement un sens au fait de vivre ensemble. Ce n'est et ne sera jamais facile mais, au demeurant, nous n'avons pas vraiment le choix : nous faisons face, comme chaque conscience ou société en un temps spécifique de l'histoire, à l'exigence clé de notre époque.

Difficile, en ces temps de communication et de culture mondiale et globale, de vitesse, parfois de précipitation et d'émotivité collective, de prendre le temps de se réconcilier avec le temps lent et dense de la raison critique, de la connaissance, de la compréhension et de la complexité. L'expérience m'a montré, avec les jeunes comme avec les moins jeunes, que c'est la rencontre et l'engagement personnel, au quotidien, qui réveillent les esprits, permettent des prises de conscience et donnent l'envie d'aller plus loin, de mieux comprendre et de dialoguer. Il faut donc *vraiment* vivre et travailler *ensemble* autour de projets *communs*.

La question est simple de fait. En deçà, et au-delà, de toutes les théories que l'on pourrait échafauder, il importe de demander à chacun, comme je le fais au terme de nombreuses conférences : combien de femmes et d'hommes avez-vous rencontrés durant le dernier mois qui ne soient pas de votre « cercle », de votre « culture » ou de votre « univers de référence[1] » ? Avec combien d'entre eux avez-vous échangé, débattu ou même travaillé autour d'un projet social, culturel ou politique commun ? Combien de femmes et d'hommes avez-vous rencontrés depuis un mois, deux mois ou six mois, qui vous aient fait vivre l'expérience de la différence culturelle, religieuse et sociale, qui vous questionne positivement et

1. Le fait qu'ils aient un nom de « là-bas » ou un peu « exotique » ne veut rien dire : ces personnes peuvent bien encore faire partie du même « univers de référence ».

vous impose de justement reconsidérer votre mode de pensée, vos certitudes autant que vos habitudes ou certains de vos préjugements et de vos préjugés ? Il est facile de se penser « ouvert » dans un univers de citoyens et d'amis qui sont les habitués, toujours les mêmes, d'une « ouverture » qui se pense plus qu'elle ne se vit effectivement. Les ghettos mentaux ne sont pas des mirages, leur existence est réelle, palpable et effective : être « ouvert » à l'intérieur du ghetto mental ou intellectuel n'ouvre pas la porte de ce dernier, mais permet simplement de se leurrer sur le fait qu'il n'y a ni ghetto ni porte. Les prisons les plus dangereuses sont celles dont on ne voit pas les barreaux.

Sortir du ghetto mental, intellectuel, mais également social, culturel et religieux est aussi, bien sûr, une exigence fondamentale pour les musulmans. J'ai souvent répété aux Occidentaux musulmans de se penser comme des « cadeaux » autant que comme des « questions » vis-à-vis de leurs concitoyens. Comme des cadeaux, parce qu'ils portent en eux d'autres horizons, d'autres cultures et d'autres mémoires qui sont autant de richesses avec lesquelles ils nourrissent leurs sociétés respectives. Ils doivent avoir la conscience, et nourrir en eux la confiance, de ce qu'ils sont et de ce qu'ils peuvent apporter aux sociétés occidentales : d'autres points de vue, l'expérience du vrai pluralisme culturel, le sens d'un universel partagé et non monopolisé. Une présence, de l'intérieur, désormais constitutive de soi, qui invite à ne jamais confondre les avancées du développement économique et de la maîtrise technologique avec le sens d'une supposée supériorité idéologique ou philosophique. Une présence-cadeau qui offre sa richesse et enseigne l'humilité. Mais les musulmans doivent demeurer des « questions » également : avec leur foi, leurs pratiques, leur comportement et leur engagement citoyen quotidien, ils doivent interpeller positivement leurs concitoyens. C'est exactement le sens de la formule que j'avais utilisée il y a bien des années en m'adressant aux musulmans : il faut normaliser votre présence sans la banaliser. Apprendre à vivre la quête spirituelle du divin, de soi et du sens, pour celles et ceux qui en ont fait le choix au cœur des sociétés occidentales, n'est pas banal. Penser et vivre cette quête à travers une éthique quotidienne qui façonne la conscience et le cœur autant qu'elle oriente l'agir n'est pas non plus banal. Enfin, développer une *éthique de la citoyenneté* qui impose la cohérence et s'appuie sur la réconciliation entre l'universalité des valeurs et le sentiment d'appartenance (et la loyauté critique) aux niveaux national et local n'est pas banal. Au cœur de l'Occident, la présence des musulmans, individuellement et collectivement, devrait se traduire comme une question ou plutôt une série de questions : quel est le sens de cette présence pour moi ? Qu'est-ce qui explique leur comportement ? Comment me situer vis-à-vis d'eux ? qui suis-je et qu'ai-je envie d'être face à cet autre au cœur du pluralisme partagé et assumé ? Cette présence-question est un miroir. Le miroir de l'autre est le reflet de mille questions sur soi. Celles-ci sont parfois gênantes, il est vrai, mais elles sont tellement nécessaires.

Il faudra du temps, il faudra de la patience. Les acquis sont déjà réels et impressionnants. Au-delà des crises médiatiques et politiques, on voit poindre de nouvelles dynamiques, des initiatives et des projets intéressants qui engagent des femmes et des hommes refusant la polarisation, les simplifications, les manipulations et les exclusions : des politiciens et des travailleurs sociaux (sur le plan local ou national), des journalistes responsables et consciencieux, des citoyennes et des citoyens ordinaires et/ou anonymes : ils sont bien plus nombreux qu'on ne le croit et partagent un certain sens de l'humanité, de la dignité et de l'éthique, croyants ou non, musulmans ou non. C'est avec ces femmes et ces hommes qu'il faut construire l'avenir, sans naïveté, mais avec confiance et détermination.

Annexe 1

THIERRY

Au fond de la classe, l'œil sombre, il n'avait pas quitté sa veste ; comme s'il s'apprêtait à sortir de la classe. Nous venions d'y entrer pourtant. Ce fut ma première rencontre avec Thierry. Celles qui suivirent donnèrent naissance à un conflit particulièrement tendu. Seul, tout à la fois fébrile et orgueilleux, il n'avait de cesse de vouloir me démontrer que mon statut de « prof » suffisait à prouver que « je ne pouvais comprendre », que forcément « je le jugeais… » mal, comme « eux ». Toutes mes exigences « scolaires », tous mes appels au dialogue, toutes mes suggestions étaient balayés avec la froideur et la haine que l'on réserve à ses ennemis. « Occupez-vous de vos affaires… j'ai pas envie de vous parler… » Il avait le mépris expressif. « Asocial », disait-on.

Jusqu'à cette veille de vacances d'automne où il me remit une composition de français en m'interpellant. « Ça doit vous embêter de lire nos "compos" pendant les vacances ?! », me dit-il en épiant, comme pour la saisir dans l'instant, ma réaction. « Évidemment, cher Thierry… », lui répondis-je en le fixant avec insistance. Il en fut gêné mais ce fut le premier échange, la première "chaleur", le premier signe. « À bientôt », lâcha-t-il en accompagnant sa volte-face d'un sourire crispé. Il avait l'affection tellement compliquée.

Les semaines et les mois qui suivirent m'ont permis de dessiner le paysage dans lequel se mouvait Thierry. Trop d'absences, trop de violences avaient mis à mal toutes ses protections. Si fragile et renfermé, il avait fini par faire de sa faiblesse une force : il ne laissait à personne le droit de l'aimer. Au mieux admettait-il qu'on le jugeât, scolairement… et très mal. Il en avait tellement l'habitude qu'il prenait un soin particulier à conforter ce point de vue : il savait prouver sa non-valeur aux adultes, du corps enseignant à la brigade des mineurs. Avec ce paradoxe douloureux de subir ce qu'il croyait décider.

Il y avait la drogue et le vol. Les fugues et les errances. Et puis des signes toujours plus fréquents d'un lien qui se créait au détour de chaque échec. Thierry mettait à l'épreuve ma confiance, ma patience et trahissait avec une régularité déroutante la moindre de mes exigences humaines, il avait besoin d'être aimé « hors la loi », hors normes, à l'extrême de toutes les transgressions. Hors cela, pas d'amour ! Sa famille éclatée, sa solitude lui avaient appris les trahisons faciles de ceux qui aiment normalement. Les horizons de ce destin avaient fait de l'ombre aux attentes scolaires : Thierry se cognait où d'autres se forment. Il se perdait où d'autres s'orientent.

Thierry m'a appris la tristesse des chemins dessinés très tôt. Je prenais conscience, de la façon la plus violente, qu'il y a des adolescents qui gagnent la vie au prix d'une lutte intérieure infernale. Entre la survie et l'école, le choix relève de l'évidence. Le vide tenait lieu d'identité dans la conscience de Thierry, qu'y avait-il à former ? J'ai appris, au creuset de ses doutes et des miens, à être là et à ne rien dire. Le silence était son exigence. Il avait fait de moi un prof qui n'a plus rien à dire. J'aurais dû transmettre un « savoir », j'eus à vivre les ignorances d'une déroute.

Et puis il y eut l'éclair d'un voyage effectué ensemble au Mali. Nous étions trois et Thierry parmi nous. Il cessa de « fumer » un mois durant, il s'émerveilla : « Ici ça vaut un peu la peine… » Il avait cette impression troublante de s'introduire dans un paysage qui lui témoignait de la sympathie, sans comptes à rendre. Sa volonté s'inonda de ressources : « Je recommence à zéro… je vais m'offrir ce que l'on ne m'a pas donné… » Ces mots aujourd'hui résonnent dans ma mémoire. Au retour, et pendant six mois, Thierry va vivre de cet espoir. De cette force. C'était « gagné »…

Le vide enfin. Thierry gisait au pied d'un arbre quand on l'a retrouvé, sans vie, à l'automne 1983. Le piège d'une vie se refermait : une overdose, simplement. Dans ma tête, des images et des horizons. Et puis un témoignage, un hommage, un geste. Thierry a façonné mon destin d'enseignant. Il n'avait fait le choix de rien et toutes les portes s'étaient fermées. Condamné avant de naître, à naître condamné. Comme tout son entourage, je lui fus nécessaire et insuffisant. Mort à dix-neuf ans, il a ajouté la couleur d'une exigence à mon engagement : être là d'abord, contre vents et marée. Notre métier sans cœur n'est plus un métier. Restera à surmonter les échecs. Thierry n'est plus. Un souvenir : des images où il faut puiser, avec quelques doutes, la force de poursuivre.

Annexe 2

Manifeste pour un nouveau « Nous »

Il y a de quoi être inquiet. Durant ces vingt dernières années, la situation des musulmans dans les sociétés occidentales n'a globalement pas été très facile, et force est de constater que cela a empiré ces cinq dernières années. La guerre contre le terrorisme lancée après le 11 septembre 2001, la répétition des attentats terroristes à travers le monde ajoutée aux multiples tensions dues aux problèmes sociaux ou à l'immigration ont fini par associer l'islam et les musulmans à l'expression d'une menace pour les sociétés occidentales. La peur s'est installée avec son lot de réactions émotives et irrationnelles, parfois légitimes et compréhensibles, parfois instrumentalisées à des fins politiques ou électorales.

Du Canada à l'Australie, en passant par les États-Unis et l'Europe, il n'y a pas une société occidentale qui ne soit épargnée par les questionnements identitaires, les tensions dues à « l'intégration » et les débats concernant la place des musulmans. Ces derniers sentent que l'atmosphère est plus lourde, que la suspicion est de plus en plus répandue et qu'ils sont l'objet de débats politiques pas toujours transparents ni très sains. Les musulmans sont devant une alternative on ne peut plus explicite : soit ils subissent les événements et adoptent l'attitude défensive de la « victime », « minoritaire » et « discriminée », qui se recroqueville ou ne cesse de se justifier ; soit ils font face aux difficultés qui sont les leurs, deviennent sujets de leur histoire, et décident de s'engager à réformer la situation. Ils peuvent certes se plaindre des traitements qu'ils subissent, critiquer le racisme et les discriminations journalières mais, au bout du compte, la balle est dans leur camp et rien ne changera vraiment s'ils ne décident pas de se prendre en main, d'être constructivement critiques et autocritiques, et de répondre à la lente évolution de la peur par une révolution de confiance.

Face aux peurs et aux questions légitimes

Ces dernières années, les populations occidentales ont été confrontées à des réalités et à des questionnements profonds et difficiles. La présence de plus en plus visible de millions de musulmans parmi eux leur a fait comprendre que leurs sociétés avaient changé, l'homogénéité culturelle était une donnée passée, la question de leur propre identité se complexifiait et la mixité sociale était un idéal difficile à atteindre *a fortiori* quand les problèmes sociaux (chômage, racisme, marginalisation, etc.) se multiplient. Cette instabilité (ajoutée à la perception de la présence d'une religion et de cultures « étrangères ») a produit des angoisses et des questions légitimes même si elles s'expriment parfois dans la confusion. Les musulmans peuvent-ils vivre dans des sociétés sécularisées, leurs valeurs sont-elles compatibles avec celles de la démocratie, sont-ils prêts à se mêler à leurs voisins non musulmans, peuvent-ils lutter contre les comportements choquants produits en leur nom (terrorisme, violence domestique, mariages forcés, etc.), peuvent-ils sortir de leurs ghettos sociaux où se répandent le chômage, l'insécurité et la marginalité ?

Face à ces questions, les musulmans doivent s'assumer et exprimer la confiance qu'ils ont en eux-mêmes, en leurs valeurs et en leur capacité à vivre et à communiquer sereinement dans les sociétés occidentales. La révolution de confiance que nous appelons de nos vœux passe d'abord par une confiance en soi et en ses convictions : il s'agit de se réapproprier son héritage et de développer à son endroit une attitude intellectuelle positive et critique. Être capable de dire que les enseignements islamiques appellent essentiellement à la spiritualité, à l'introspection et à la réforme de soi. Affirmer avec force que les musulmans sont tenus par le respect des législations des pays dans lesquels ils vivent et auxquels ils se doivent d'être loyaux. Des millions de musulmans prouvent tous les jours que « l'intégration religieuse » est acquise, qu'ils sont chez eux dans les pays occidentaux dont ils ont adopté le goût, la culture, la psychologie et les espérances.

Face aux peurs légitimes, les Occidentaux musulmans ne peuvent pas se contenter de minimiser, voire d'éviter les questions. Il est urgent qu'ils élaborent un discours critique refusant la position victimaire et dénonçant les lectures radicales, littéralistes et/ou culturelles des textes religieux. Au nom même des principes de l'islam, ils doivent s'opposer à l'instrumentalisation de leur religion pour justifier par exemple le terrorisme, la violence domestique ou les mariages forcés. L'avenir de la communauté spirituelle musulmane exigera forcément des institutions de formation religieuse (études islamiques, islamologie, formation d'imams, etc.) établies en Occident qu'elles puissent répondre aux attentes des citoyens occidentaux. Avec la même attitude critique, il est important qu'ils ne cautionnent pas la confusion ambiante dans les débats de société : les problèmes sociaux, le chômage, la marginalisation et l'immigration ne sont pas des « problèmes religieux » et n'ont rien à voir avec l'islam. Il est impératif de refuser l'« islamisation des questions éducatives et socio-économiques » : ces dernières exigent des solutions politiques et non religieuses.

L'un des moyens de répondre aux peurs légitimes consiste à déconstruire les problématiques sans déconnecter les différents aspects qui les composent. « Déconstruire sans déconnecter », cela signifie s'imposer d'abord de distinguer le fait strictement religieux des problèmes scolaires, sociaux ou liés aux migrations, puis d'analyser comment s'établissent les relations de cause à effet sur le terrain sociopolitique. Les citoyens de confession musulmane doivent participer à une meilleure reformulation des questions politiques actuelles. Ainsi, le chômage, l'échec scolaire et la délinquance n'ont – comme nous l'avons dit – rien à voir avec l'islam, mais il importe de comprendre quelles sont les causes qui expliquent que ce sont les citoyens et résidents musulmans qui sont les plus frappés par ces réalités. Comment proposer de nouvelles politiques sociales et urbaines qui réformeraient cet état de fait et permettraient la lutte contre la ségrégation et l'autoségrégation, en entraînant plus de justice et de mixité sociales ?

La peur instrumentalisée

Le discours qui, hier, était l'apanage des partis d'extrême droite tend malheureusement à se normaliser au sein des partis traditionnels. De plus en plus de leaders jouent la carte de la peur pour mobiliser les électeurs et promouvoir des politiques de plus en plus dures sur le plan de la gestion des problèmes sociaux, de la sécurité ou de l'immigration. En panne d'idées politiques novatrices et créatrices pour promouvoir le pluralisme culturel ou lutter contre le chômage et les ghettos sociaux, ils se contentent d'une rhétorique dangereuse sur la protection de « l'identité » et l'homogénéité culturelle, la défense « des valeurs occidentales » et l'imposition d'un cadre strict « pour les étrangers » avec, bien sûr, l'appareil des lois sécuritaires pour lutter contre le terrorisme. Ces discours politiques jouent sur les angoisses, entretiennent la confusion des domaines et promeuvent une approche binaire des questions sociopolitiques. Ce qui implicitement ressort des termes des débats revient à distinguer deux entités : « nous, les Occidentaux » et « eux, les musulmans », même quand les citoyens sont musulmans et tout à fait occidentaux.

Le retour permanent des mêmes questions dans les débats politiques nationaux (violence, femmes, intégration, etc.) n'est pas innocent et la question de l'islam est souvent devenue la balle de ping-pong avec laquelle les partis jouent pour tenter de mettre à mal leurs adversaires politiques et attirer à eux des électeurs. Des propos racistes et xénophobes se généralisent. On relit le passé en niant à l'islam la moindre participation à la formation de l'identité occidentale désormais purement « gréco-romaine » et « judéo-chrétienne » ; on fait passer des examens aux frontières qui testent arbitrairement la « flexibilité morale » des immigrés, et les lois sécuritaires s'imposent naturellement en ces temps de peur et d'instabilité. Sans oublier les discours et les politiques intransigeants qui finissent par criminaliser les immigrants et les demandeurs d'asile.

Face à ces instrumentalisations, et parfois les manipulations qui en découlent, les citoyens de confession musulmane doivent faire exactement le contraire de ce qui pourrait être la réaction naturelle : plutôt que de se retirer du débat public et s'isoler, ils doivent se faire entendre, sortir de leurs ghettos religieux, sociaux, culturels ou politiques et aller à la rencontre de leurs concitoyens. Le discours de ceux qui instrumentalisent la peur a pour objectif de produire ce qu'ils disent combattre : en accusant en permanence les musulmans de ne pas être intégrés, de s'isoler, d'établir des barrières entre « eux » et « nous » et de s'enfermer dans leur appartenance religieuse considérée comme exclusive, les intellectuels qui mettent en garde contre la « naïveté » des politiciens, « le danger de l'islam » ou « l'échec » de la société plurielle ou du multiculturalisme sèment la suspicion, créent les fractures et cherchent en fait à isoler les musulmans. Les citoyens doivent établir une critique rigoureuse de ces discours alarmistes qui cachent mal l'idéologie qu'ils promeuvent. C'est au nom des valeurs des sociétés occidentales elles-mêmes qu'il faut combattre la diffusion d'un discours qui normalise un racisme ordinaire, des traitements discriminatoires et la stigmatisation d'une partie de la population. La vraie loyauté citoyenne est une loyauté critique : il s'agit de refuser d'avoir à systématiquement prouver son appartenance à la société et, en connaissant ses responsabilités, de revendiquer ses droits et d'établir une critique de fond des politiques gouvernementales quand celles-ci trahissent les idéaux des sociétés démocratiques.

Un nouveau « Nous »

S'il est une contribution que les Occidentaux musulmans peuvent apporter à leurs sociétés respectives, c'est bien celle de la réconciliation. Confiants en leurs convictions, porteurs d'un discours critique franc et rigoureux et armés d'une meilleure connaissance des sociétés occidentales, de leurs valeurs, de leur histoire et de leurs aspirations, ils sont à même de s'engager avec leurs concitoyens à réconcilier ces sociétés avec leurs propres idéaux. Ce qui compte aujourd'hui, ce n'est point de comparer les modèles de société ou les expériences en entrant dans un débat stérile sur le meilleur des modèleoccidentaux (comme on a pu le voir entre les États-Unis, le Canada, la France et la

Grande-Bretagne), mais plus simplement, et de façon plus exigeante et plus stricte, d'évaluer chaque société en comparant les idéaux affirmés et revendiqués par ses intellectuels et ses politiciens et les pratiques concrètes sur le terrain social, les droits humains et l'égalité des traitements (entre les femmes et les hommes, les différentes origines, la couleur de peau, etc.). Il faut soumettre nos sociétés à l'épreuve de la critique constructive qui compare les discours et les actes : cette saine attitude autocritique que les musulmans doivent manifester à l'égard de leur communauté, tous les citoyens doivent la produire vis-à-vis de leur société.

Nos sociétés ont besoin de l'émergence d'un nouveau « Nous ». Un « Nous » qui réunit des femmes et des hommes, des citoyens de toute religion ou sans religion, et qui s'engagent ensemble contre les contradictions de leur société, contre le racisme et les discriminations de toutes sortes ou les atteintes à la dignité humaine, pour le droit au travail, à l'habitat, au respect. « Nous » représente désormais ce rassemblement et cette dynamique de citoyens, confiants en leurs valeurs, défenseurs du pluralisme de leur commune société, respectueux des identités plurielles et qui désirent, ensemble, se battre au nom de leurs idéaux partagés au cœur de leur société. Citoyens, intégrés, loyaux et critiques, ils s'engagent dans cette révolution de confiance pour résister à l'évolution de la peur : face à l'émotion et aux réactions épidermiques, voire hystériques, la rationalité, le dialogue exigeant, l'écoute et l'approche raisonnable des questions sociales complexes et difficiles s'imposent.

Local, national

C'est d'abord au niveau local que se joue l'avenir pluriel des sociétés occidentales. Il est urgent de mettre en branle des mouvements nationaux d'initiatives locales où des femmes et des hommes de différentes religions, cultures et sensibilités créent des espaces de connaissance mutuelle, des engagements communs : des espaces de confiance. Ce sont les projets communs qui doivent désormais les réunir et donner naissance pratiquement à ce nouveau « Nous » citoyen. Certes, les dialogues « interculturels » ou « interreligieux » sont importants et nécessaires, mais ils ne pourront être aussi efficaces que l'engagement commun sur tous les dossiers prioritaires : l'éducation, les fractures sociales, l'insécurité, les racismes, les discriminations…

C'est ensemble qu'ils doivent questionner les programmes d'enseignement et proposer des approches plus inclusives des mémoires qui constituent les sociétés occidentales contemporaines. Ces dernières ont changé et l'enseignement de l'histoire doit intégrer la multiplicité des mémoires, notamment les périodes les plus sombres de ladite Histoire (et dont les nouveaux citoyens d'Occident ont parfois été les premières victimes) : avec les Lumières, les progrès scientifiques et les acquis technologiques, il faut enseigner l'esclavage, la colonisation, le racisme, les génocides… Sans arrogance ni perpétuelle culpabilisation. Sous peine de provoquer une compétition des mémoires victimaires blessées, il faut officialiser l'enseignement d'une histoire plus objective des mémoires qui participent de la collectivité actuelle. Sur le plan social, il faut s'engager à penser une plus grande mixité dans les écoles et dans les villes : des politiques sociales et urbaines plus courageuses et plus créatives sont nécessaires, mais les citoyens peuvent déjà lancer des initiatives qui imposent la rencontre dans et par les projets de démocratie participative locale. Les autorités nationales doivent accompagner, faciliter et encourager ces dynamiques locales.

Les sociétés occidentales ne gagneront pas la lutte contre l'insécurité sociale, la violence et la drogue par les seules politiques sécuritaires. Des institutions sociales, l'éducation civique, la création d'emplois locaux et des politiques de confiance sont impératives au niveau des villes. Les autorités politiques locales peuvent faire énormément pour transformer les atmosphères de suspicion qui règnent, et les citoyens, dont les musulmans, ne doivent plus hésiter à frapper à leur porte et à leur rappeler qu'en démocratie c'est l'élu qui est au service de l'électeur et non le contraire. Il est urgent de s'engager dans les affaires nationales et de ne pas se laisser emporter par la passion de la scène internationale. Il demeure néanmoins évident qu'un discours critique sur la gestion de l'immigration s'impose en Occident : on ne peut piller le tiers-monde de ses richesses et criminaliser celles et ceux qui fuient la pauvreté ou les régimes dictatoriaux. C'est injuste et inhumain : c'est intolérable. Être et demeurer la voix des sans-voix, de l'Irak, de la Palestine, du Tibet ou de la Tchétchénie, ou encore des femmes maltraitées et des victimes, notamment africaines, du sida (alors que les médicaments sont disponibles), c'est aussi faire preuve de « réconciliation » au nom des idéaux occidentaux de dignité, de droits humains et de justice trop souvent bafoués sur l'autel des calculs politiciens et des intérêts géostratégiques. Au temps de la mondialisation, c'est la confiance mutuelle au niveau local et l'esprit critique global qui ouvrent la voie de la réconciliation entre les civilisations.

Une révolution de confiance, une loyauté critique, la naissance d'un nouveau « Nous » porté par des mouvements nationaux d'initiatives locales, tels sont les contours d'un engagement responsable de tous les citoyens dans les sociétés occidentales. Parce qu'ils revendiquent les bienfaits d'une éthique citoyenne responsable, parce qu'ils veulent à tout prix promouvoir la richesse culturelle de l'Occident et parce qu'ils savent que sa survie se fera au prix d'une nouvelle créativité politique. Les citoyens doivent travailler sur le temps long, au-delà des échéances électorales qui paralysent les politiciens et empêchent l'élaboration de politiques innovantes et courageuses. Lorsque l'élu est dans l'impasse, lorsqu'il n'a plus les moyens de ses idées, c'est à l'électeur, au citoyen, de revendiquer et de s'approprier les moyens de ses idéaux.

Table

Préambule. De la visibilité 9
Introduction 17

1. Premiers pas, premiers enseignements 27
2. Musulman et « intellectuel controversé » 39
3. Plusieurs fronts, deux univers, une parole 43
4. Crises croisées 49
5. Rapides évolutions, silencieuses révolutions 59
6. Identités multiples : d'abord européen, américain, australien ou musulman ? ... 67
7. L'islam occidental : religion ou culture 75
8. Les mulsumans « culturels », les réformistes, les littéralistes, etc. 83
9. Les acquis 91
10. Les défis 101
11. La question des femmes 109

12. Le sentiment d'appartenance et l'approche « postintégration » 115
13. Les questions sociopolitiques, les médias 125
14. Les racines de l'Europe… et de l'Occident 135
15. La réforme et les sept « C » 141
16. L'Occident et son miroir : un nouveau « Nous » 149
17. Critiques et oppositions 159
Laïques très dogmatiques 161
L'extrême droite 163
Certains courants féministes 166
Quelques courants homosexuels 168
Les milieux pro-israéliens et néoconservateurs 171
Certains États arabes et… occidentaux 176
Certains groupes salafî et quelques « ex-musulmans » 178

Conclusion 183

ANNEXES

1. Thierry 191
2. Manifeste pour un nouveau « Nous » 195

Remerciements

Ce livre n'aurait pas vu le jour sans l'insistance d'Andrea Romano qui m'a poussé à écrire un texte court présentant la substance de ma pensée au-delà des controverses et des polémiques. Je lui sais gré de son insistance. Il y aurait tant de femmes et d'hommes que je devrais ici remercier pour leur amour, leur amitié, leur accompagnement, autant que pour leurs critiques constructives, dans les sociétés majoritairement musulmanes du Moyen-Orient, de l'Asie ou de l'Afrique, comme dans les communautés musulmanes du Canada, des États-Unis, de l'Australie, de la Nouvelle-Zélande, de l'île Maurice, de l'Afrique du Sud ou de l'Europe. J'ai tant appris des intellectuels d'ici et d'ailleurs, des leaders, des cadres et des *'ulamâ'* (savants musulmans), comme des femmes et des hommes anonymes, sincères et dévoués. Les livres ne remplacent jamais les êtres humains : à vous tous, sans vous nommer pour n'oublier personne, merci de votre présence et de vos dons si importants et de si différentes natures.

J'ai tant appris en Occident. Ma formation, mes lectures, mon engagement et, surtout, tant et tant de rencontres. Impossible, ici encore, d'exprimer nominalement ma gratitude. Mais j'aimerais simplement rappeler quelques prénoms qui se reconnaîtront peut-être : Alain, Catherine, Coraline, Dick, François, Han, Jean, John, Marjolein, Michel, Monique, Pierre, Richard… Il en est bien d'autres encore. À Paris, toute l'équipe des Presses du Châtelet, avec bien sûr Jean-Daniel, Olivier, Géraldine, Sandrine… qui font en sorte que je sois encore publié en France pour que ma voix soit entendue.

En Suisse, à Genève, il est une mère qui aime et qui prie. Sa présence est lumière et protection. Et puis une famille large, des frères, une sœur, des nièces et des neveux. Ici, à Londres, à l'heure où j'écris ces lignes, Mame Cheikh et Salim. Yasmina qui tient mon bureau avec tant de cœur et d'efficacité. Et Najma, Moussa, Sami, Maryam et Iman, toujours. Mon cœur vous aime et vous remercie.

Londres, juillet 2009

(suite de la page 4)

Entre l'homme et son cœur, Tawhid, Lyon, 2000.

La Spiritualité, un défi pour notre société, avec Michel Bertrand, Michel Morineau, Luc Pareydt, Tawhid/Réveils publications, Lyon, 2000.

La Non-Violence ? Des images idéales à l'épreuve du réel, Fédérations nationales des enseignants de yoga, Dervy, 2000.

La Méditerranée, frontières et passages, Thierry Fabre, (dir.), Actes Sud « Babel », 1999.

Être musulman européen, Tawhid, Lyon, 1999 (traduit en 14 langues).

L'Irrationnel, menace ou nécessité ? Le Monde/ Seuil, 1999.

Aux sources du renouveau musulman, Bayard-Centurion, 1998 (2e éd. Tawhid, Lyon, 2001).

La Tolérance ou la Liberté ? Les leçons de Voltaire et de Condorcet, Claude-Jean Lenoir (dir.), Complexe, Bruxelles, 1997.

Islam, le face-à-face des civilisations. Quel projet pour quelle modernité ? Tawhid, Lyon, 1995 (4e éd. 2001).

Péril islamiste ? Alain Gresh (dir.), Complexe, Bruxelles, 1995.

Les Musulmans dans la laïcité. Responsabilités et droits des musulmans dans les sociétés occidentales, Tawhid, Lyon, 1994 (3e éd. 2000).

DU MÊME AUTEUR

MUHAMMAD
VIE DU PROPHÈTE

Le Prophète occupe une place unique dans la conscience et la vie des musulmans. Il est l'Envoyé de Dieu, celui qui a reçu et transmis le Coran. Il n'est pourtant pas un médiateur : Muhammad ne fut qu'un homme, qui a transformé le monde à la lumière des révélations et des inspirations qui lui sont parvenues de l'Unique. Cette humanité assumée, élue et inspirée fait de lui un modèle pour les fidèles d'aujourd'hui. Son parcours renvoie aux questions premières et éternelles : sa vie est une invite à l'humilité, à la fraternité, au respect, à la justice et à la paix. Mais aussi, et surtout, à l'amour.

C'est pourquoi le souffle de la Révélation porte un enseignement utile à tous les hommes, qu'ils soient ou non musulmans. Humanité, exemplarité : telles sont les deux dimensions à travers lesquelles Tariq Ramadan restitue la figure fondatrice de l'islam. S'appuyant sur les sources les plus fiables, il retrace le parcours et les actions de Muhammad, accompagnant son récit de réflexions sur le sens profond de cette vie. Parce qu'il souligne l'actualité de la parole du Prophète, ce livre est également une introduction privilégiée à l'islam.

ISBN 978-235287-097-5 / H 50-5672-7 / 400 pages /
Archipoche n° 78 / 7,50 €

Cet ouvrage a été composé
par Atlant'Communication
au Bernard (Vendée)

Impression réalisée par

La Flèche
en mai 2015
pour le compte des Éditions Archipoche

Imprimé en France
N° d'édition : 153
N° d'impression : 3011710
Dépôt légal : janvier 2011